樂 府

·

心里满了，就从口中溢出

爸爸的文学课

王　亮——著

北京联合出版公司
Beijing United Publishing Co.,Ltd.

给王之月、王之行

序

我为什么要写这样一本小册子

我女儿 5 岁时，我给她买了一套"世界文学大师绘本"，其中有一册是科塔萨尔的《熊的话》*。我和她一起读这个故事，读完后，她迫不及待地跑到卫生间，凑近水管去听"管道熊"有没有动静。之后很长一段时间，她每次洗手都会说"管道熊"又舔她了。起初，我怕误导她，在她问我"'管道熊'是真的吗？"时有些吞吞吐吐，但很快，她的自问自答就完全打消了我的顾虑，"怎么可能有一头熊，只是水啦！"——但这并不妨碍她享受"管道熊"舔她的乐趣。因此，当过几天她又如此问我的时候，我果断地告诉她"管道熊"是真的存在的，当它感冒时，我们家的管道就会堵住（当时，我家的下水道的确有些堵塞）。然后是只有我们两个才懂的，快乐的欢笑。

　　大概从这个时候起，我开始有意识地与女儿一起进行共读活动。起初，和大部分家长一样，我主要是读给孩子听，帮助孩子克服阅读障碍，使她可以流畅、自如地听故事。作为一名"文学中年"，在阅读过程中我时常"技痒"而忍不住夹带一些私货，单纯的读就渐渐变成了边读边讲。后来，为了吸引孩子的注意力，我尝试着将共读活动变成"幻想游戏"，让女儿去"还原"故事发生时的情景，想象自己扮演某个角色会如何一类。通过这种方式，增加孩子的参与感和体认感，进而增进她对某个故事、某篇文章的理解。随着女儿年龄的增大，除了鼓励她独立阅读之外，共读活动的重心渐渐由读变为读后讨论，在共同阅读某个故事、某篇文章之后，交流自己的看法与观点。这点上，我觉得蒙台梭利女士的一席话说得很好："我们是那些刚刚进入人类思想世界的旅行者的向导。我们应该成为聪明的有修养的向导，不说废话，清楚简明地讲解旅行者感兴趣的艺术般的工作，并尊重他，让他尽兴观察。我们的主动权在于引导他观察生活中最重要、最美好的东西，使他不至于把时间和精力耗费在无益的事物上，使他整个人生旅程都获得欢乐与满足。"总结起来，就是一句话，和我的孩子一起学习生活，认识世界。

　　除了如何读，我也开始考虑读什么的问题。一开始，就是围绕女儿的语文课本，比如一些古诗。除了学校里讲的那些内容，我尝试着以不同的角度进行阐释，激发女儿去体验、感受这些古诗里蕴含着的审美意味。课本里的内容有限，我开始把选择的范围逐渐扩大：起先，我心目中的共读书单都是些大部头，比如《尼尔斯骑鹅旅行记》《柳林风声》《绿野仙踪》这一类的。自从女儿上学后，我发现她的时间相当紧张，在完成老师布置的作业，适当休息、玩耍后，她的精力已不足以支撑她来阅读——有几次，我读着故事她就睡着了。

于是，一些比较短小、可以灵活运用碎片时间的作品，比如诗歌、小散文、故事就成为我重点考虑的对象。在这类材料的选择上，我宁愿选择那些"合适的"的材料，而非绝对"好的"和"应该的"材料——在我们的"教育专家""文学家"们甩给家长的书单上，我们经常可以看到诸如"青少年必读""教育部指定""新课标推荐"之类夸张的营销用语，仿佛不读这些书，青少年的资格都无法保有，会被流放到外星球一般。实际上，没有什么是"必读"的，硬把一些孩子无法理解、接受的经典名著塞给孩子，和不给他任何精神食粮同样野蛮、不负责任。至于什么是"合适的"，这是个因人而异的问题，因每个孩子的生长环境、家庭氛围、教育背景以及更重要的——天赋悟性的不同而不同。就我个人而言，这个答案至少意味着两层意思：一则是我读过的，是我曾喜欢过，并仔细琢磨过的；一则是不超出我女儿的生活经验与理解范围。

这项活动旷日持久，我的存货也有见底儿的危险，为了不给女儿吃夹生饭，我除了继续搜肠刮肚，也被迫"开源"起来：我给自己的阅读书单添加了不少关于教育、科普、儿童文学、儿童心理学乃至儿童哲学类的图书，就连以前瞟都不会瞟上一眼的漫画类图书，我也开始偶尔涉猎。除阅读外，我也关注了一些从事教育实践活动的一线教师，阅读他们的教案，聆听他们的讲座、视频。有一段时间，凡遇人，三句话后必转至教育问题，几让亲朋好友避之唯恐不及。

　　这让我受益匪浅，开阔了我的眼界，也让我得以跳脱出一个单纯文学爱好者的视角来思考阅读与教育的问题：在当代，颇为尴尬的一幕是作为孩子阅读引导者的父母，不少人在走入社会后基本放弃了阅读，其阅读的范围不会超过专业参考书、微信段子和网络小说。当图像、视频等成为人类获取知识和信息的主要渠道，当成年人选择了更直观的捷径，却让更加依赖感官体验的孩子去走一条艰难的远路，就很难具有说服力。阅读活动的衰落在当代或是一个不可逆转的事实，在这个快速变动着的世界上，阅读活动最终将走向哪里，很难说清楚，也非一位普通家长所能把握和左右。更为切实的做法是不再对阅读活动持迷信态度，一方面不断仪式化、神圣化阅读活动，盲信诸如"开卷有益"之类的话；另一方面却在行为层面诚实地与阅读活动渐行渐远——选择适合孩子的图像与视频材料与之分享也未尝不可，相比于原始材料，不少图像与视频的改编版本更具现代气息，也更适合小朋友阅读与观看。

如果有一个机构或部门可以开展一项阅读考级活动，比如像钢琴 10 级一样搞个阅读 10 级的认证，那我相信，阅读教育在中国将会获得更为持久的生命力，至少在拿到相关证件之前。这种凡学习必要有结果、证明确是当下焦虑的父母们的思维惯性，仿佛不能通过考核，或是不能达成某项目的，学习就没有任何意义。而阅读，尤其是阅读那些作为故事讲述的童话和绘本，说实话，如果去除识文断字和这些文字负载的意义，比如知识或伦理道德观念之外，确实不能再提供更多。文学阅读本质上是无用的，它只是作者发出的一份不具名的请柬，邀请匿名的读者与他一起去看、去听、去触碰、去感受、去想象、去思考——这种观念怕是不会被那些焦虑的中国家长所赞同和理解，它确实也和这个处处追求实际、效率、效益的社会氛围背道而驰，但就像罗素的反问："如果人们不知如何利用闲暇与健康，那么获取它们又有什么意义呢？"而他提出的警告更加值得每一位持如此观念的家长自省："扼杀童年期的幻想就是使儿童成为现状的奴隶，成为拴在地上的生灵，从而不能指望他们去创造天堂。"

在祛除附着在阅读上的迷信气息，摒弃阅读的功利目的之后，阅读活动究竟还剩下些什么？关于这点，我喜欢英国文学评论家约翰·凯里的一个说法，他认为阅读活动之所以可以在当代世界中存续，乃源自其相对视频和图像的一种"不完美的缺陷"，即视频与图像几乎是"完美的"，你所看到的和其想表现的几乎没有差别，但阅读不行，它必须经过一个破译和解码的过程。实际上，这个过程就是思考和审美的过程。

具体到文学阅读教育，我觉得在帮助孩子完成识文断字、掌握文意等基础性工作外，更重要的是进行文学启蒙教育——这不关乎考试，和将古典文学作品倒背如流没什么联系，也无关什么为人处世态度之类——其实很简单，语言是活的，由之构架的语文、文学也是活的，有生命力的，孩子天然是对生命力敏感的（比如孩子都爱小动物），家长、老师所做的应该是去引发和拓展他们已具备的这些天赋，让其中的乐趣和魅力自然显现出来，从而增强他们的综合分析能力、整体认知能力以及审美想象力。

如果这么说还显得"尘缘未了"，依旧执着于追问阅读的目的和功用，那么弗吉尼亚·伍尔夫的追问则更加贴切地表达了一位普通读者的心声："谁读书又是为达到什么目的呢，不管这目的多么可取？我们的某些追求难道不是因为它们本身的美妙和乐趣吗？阅读不就是这样的一种追求吗？"

最终，我教女儿学习文学，成为一件让我们彼此都愉悦放松的休闲活动：当我结束一天的工作，精疲力竭地回到家，杯盘草草之余，与女儿一起读一读、谈一谈诗与文，聊一聊由这些诗文牵连出的往事，足以让我抖落浑身的疲劳与厌倦，重新感觉生活的美好与惬意。

特别是孩子独特的、认识事物的方式——上面提到的"管道熊"小故事我曾在不同场合与人分享，在一次某大学校友组织的读书会上，当我读完这个绘本之后，周遭成年人的反应出乎我的意料——除了沉默之外，我的周围满是肃穆、疑惑的目光。为了缓解气氛，我试着问他们"管道熊"究竟是什么？很多人报以尴尬的微笑，直到我自问自答公布了答案，有几个人才长舒了一口气，说"我想也是这样，只是觉得不会这么简单"。旧事重提，并非为炫耀我女儿的理解力，而是这件往事不断提醒我反思：一个成年人是多么容易被各式各样的观念、理论以及无数说不清道不明的理由所左右、束缚。与成年人的瞻前顾后、处心积虑不同，孩子们用一种更为直观的方式来认识与把握未知的经验与世界，有时她们反而比我们更容易接近问题的本质。哲学家加雷斯·B. 马修斯认为："大多数成人会依照习俗常规来认定什么是真的起因；与儿童相比，我们成人在认识上只有虚假的优势。"

在我读与讲的过程中，女儿的提问或回答经常出乎我的意料，有些竟令我措手不及，从而丰富和增进了我自己的理解与认识。不知不觉间，教与学的位置颠倒互换，一些文字、经验与往事，在女儿那里，被她蓬勃旺盛的生命力重新锻打出绚烂的火花，单向度的"传授"，变成了平等的对话与交流。

我觉得没有什么比将孩子视为与我们人格平等的人去对待

他、尊重他更好的教育了。而要做到这点，绝非易事，与我的孩子一起学习文学，算是这教育的一部分。我从不想把我的孩子教育成诗人、作家之类，一来我不具备这样的能力，二来在当前的现实语境下，这二者作为职业都绝非明智之举。但文学不是，从来都不是只为那些专业人士所预备和存在的，它永远指向范围更为宽泛的大众——我们因为一项共同的爱好而有一个共同的名字，读者。我把这一系列文字献给我的孩子，也献给你们，读者朋友们。

注：
*［阿根廷］胡里奥·科塔萨尔著，［西］埃米利奥·乌韦鲁阿加绘：《熊的话》，范晔译，浙江少年儿童出版社，2015年。

目　录

如果爸爸写一封类似的信给你，你最希望得到什么祝福？本来，我想她会希望快快长大，或是更多的玩具、更棒的成绩等，但女儿想了一下，说最想要的，是我抱抱她——对，她已经懂得了那个"瞬间"美好的秘密。

第二章　这首诗的形状，女儿知道

我又问她，如果把这首诗想象成一幅画，你觉得这幅画是用什么画的，是彩铅、油画棒，还是水粉颜料？她很快回答我，是水粉颜料，因为有雪，雪很湿——她回答得很好，她理解了诗里面各种颜色在雪里彼此渲染、融会的感觉。

第三章　世界在神灵里，神灵在小小的蜜蜂里

在"该怎么办，如果我引发人们 / 恐惧，或者只让人憎恶，/ 只让人同情？"这节时，我问她："是不是苍蝇也无法选择成为苍蝇？它也只是披上了一件苍蝇外套？"女儿想了想，笑出声来说，是的。

第四章　贴着读，读出文章的味道 / *143*

不过，我并不着急，我相信通过阅读量的增加，她自己会对此有所体悟。她使用漫画格这种方式本身就已经让我相当满足，这表明她意识到了叙述是一个流动的过程，而非孤立的，如旅行纪念册里，一个个的瞬间。

第五章　陪女儿写，陪她探索万物 / *173*

我在动物园里一个有很多洞洞的沙池里看见了细尾獴。一只细尾獴像人一样站起来，其他的细尾獴也学着它站了起来，就像在玩"一二三、木头人"一样。如果一只动了或者换了动作，其他细尾獴也动，也换动作。

第一章

"抱抱"，与婵娟的月光

如果爸爸写一封类似的信给你，你最希望得到什么祝福？本来，我想她会希望快快长大，或是更多的玩具、更棒的成绩等，但女儿想了一下，说最想要的，是我抱抱她——对，她已经懂得了那个"瞬间"美好的秘密。

美丽，却并不孤独的火车

火车 *

［土耳其］塔朗吉

去什么地方呢，这么晚了，
美丽的火车，孤独的火车？
凄苦是你汽笛的声音，
令人记起了许多事情。
为何我不该挥动手巾呢——
乘客多少都跟我有亲。
去吧，但愿你一路平安，
桥都坚固，隧道都光明。

（余光中 译）

我很早就读过这首诗，大约在高中时，余光中的一篇散文以
这首诗作为结尾，令我印象深刻。我家饭厅窗外不远就是成昆线，
经常看到火车，高铁通车后，更为频繁。

每日晚餐，不经意一抬头，就会有一辆火车披着如尘的夕光，
或快或慢驶出我们的视线。我、妻、女儿都已经有些熟视无睹，

3

唯独尚年幼的儿子，每次都会挣脱安全带的束缚，从餐桌椅上站起来，指着火车"啊，啊"地叫，等着我们一再告诉他那两个字："火车。"

某天，我们边吃晚餐边听音乐，乐曲跳到了程璧的《火车》，我很应景地给女儿讲了讲原诗。这诗挺简单，但我觉得有几个地方对女儿而言，可能有些难度：比如，一辆火车为什么是孤独的？为什么凄苦的汽笛会让人想起很多事情？隧道它明明是黑暗的，为什么要说是光明的？又比如，这首诗最核心、最关键的那句"乘客多少都跟我有亲"，为什么车上的乘客都和我有亲呢？

我试探性地问她这些问题，她说火车之所以孤独，是因为它总是自己在跑，只有铁轨做朋友；下个问题她说不清楚，但表示听到这里就伤心，想哭；而隧道总是会变得光明的——我带她坐过几次火车，每当过隧道，她就会说是在山的肚子里，到了隧道口，她还会友情提醒，让我们小心山的牙齿。我觉得她说得都对，甚至比我理解得还准确。

昨天，在买菜的路上，女儿突然说："爸爸，我再练练唱《火车》，下次班级组织活动，我就表演这个节目。"我们边走边小声地唱这首歌，我又逐句问了她诗句的意思。我问她为什么凄苦的汽笛会让人想起很多事情，她想了一会儿，说是不是在想挥动手巾的事儿。我说不是，再想想。她说不知道。我说，你还记得上次外公来，我们去送他的事儿吗？她说记得啊，我还哭了。我说在分别的时候，是不是你会突然觉得有很多话，本来想对外公说，却没来得及说，你在学校学到的东西，本来想表演给外公看，也没来得及表演？她说是。我说就是这个意思了，在分别的时候，人们总是会这样措手不及，无论之前准备得如何充分。很多没来得及做的事儿被想起来，这句诗说的就是这个意思。

我继续问她"乘客多少都跟我有亲"是什么意思，她有些烦了，直接说不知道不知道！我说，好，让我们继续刚才送外公的话题，现在想象我们在火车站。她说我想不出来，回去你帮我画下来。我说我不画，现在用你的脑袋来画——好，我们现在就走在去昆明站的路上，前面是妈妈用婴儿车推着弟弟，旁边是外公和哥哥，哥哥还在边走边玩手机——想象到了吗？她说想到了。我说好，现在继续走，前面，停下来，抬起胳膊，准备安检，嘀——嗯，安检过了，可以看到那尊铜牛塑像，看到了吗？她说看到了。我说继续，接下来我们要犯规了——我们不再停在候车厅门口，我们和外公他们一起进去，下到站台有很多台阶，记得吗？她说记得，还问我："那弟弟怎么办啊？"

看到她已经跟上了节奏，我开始进入正题——你看，我们周围是都要乘坐这列火车走的人，而他们都和我们有亲。她"啊"了一声，我说这不可能对不对？即便把我们所有的亲戚、朋友都算上，也塞不满这一列火车对不对？她说是的。我告诉她，这么写是为了表达大家，所有去送行人的一种共通的情感体验——她问我，共通是什么意思啊？

我意识到这样给小朋友解释是不对的，也是无效的，问题抛给了我。我想了会儿，问她，还记得你幼儿园毕业时的情形吗？你们在唱毕业歌时全班的小朋友都哭了——她说当然记得，我是第一个哭的！她强调。我说好，你看，你们班30多个小朋友，有一些，你不太熟悉，平时也不经常一起玩；有个别还很闹，有抓过你的，有和你抢东西的，是不是？她想了想，有些犹豫地说是。我说，好的，但是在那一刻，在唱毕业歌的时候，你是不是不想和他们中的任何一个分别，所有人都是你们班不能缺少的一分子？她说是的。我说这就是"乘客多少都跟我有亲"的感觉，理解了吗？

她点点头，并迅速跑到菜铺，和卖菜的大姐热情地打招呼。

注：
*引自余光中：《古堡与黑塔》，中国人民大学出版社，2015年。

美丽，却并不孤独的火车

插画 / 王之月

落不下的雨

雨同我 *

卞之琳

"天天下雨，自从你走了。"
"自从你来了，天天下雨。"
两地友人雨，我乐意负责。
第三处没消息，寄一把伞去？

我的忧愁随草绿天涯：
鸟安于巢吗？人安于客枕？
想在天井里盛一只玻璃杯，
明朝看天下雨今夜落几寸。

我读卞之琳先生的《雕虫纪历》，女儿在办公室另一边做作业。人都走完了，走廊的昏黑寂静里，渗出应急灯丝丝绿光，混在一起，像泡得过酽的茶。白炽灯嗡嗡地响，我沉浸在吹影镂尘的精微诗意里，女儿则在心间暗暗掰起指头，算着 20 以内的加减法。

她忽然窜到我身边，小脑袋从我腋下伸出，自顾自地念一遍："雕虫记录……爸爸，什么意思啊？"我先给她讲了讲"雕龙"，对比着讲"雕虫"，还纠正了她的"记录"。她好奇心不减，要我给她讲这本书。我之前并未准备给她讲卞之琳先生的诗，因为卞先生的诗属于比较精巧的装置，小朋友理解起来会有难度。但她愿挨，我就愿打，我想了下，挑了首《雨同我》。

选这首诗，是因为它相当"可爱"（废名语）。我觉得它是首爱情诗，且是那种纯真憨直中又藏着心思的理科生似的示爱——诸如化学方程式写情书，解析几何求解心形之类。爱情诗，一般都能置换为更普泛的"爱"，所以我偷换了下概念，把它讲成了一首有关思念的诗。再则，这首诗的调子读来很调皮，像是在故意与人戏弄，女儿都觉得好笑。

开头两句很自然，就是我们平时开玩笑的话，比如用来揶揄某流行歌星，称其为"雨神"之类。女儿对这个套路特别熟稔——因为她属龙，所以长辈都亲昵地叫她"小龙女"。久而久之，她很"臭屁"地觉得自己具有呼风唤雨的本领，到哪儿一下雨，她就说是因为她小龙女来了。

对小朋友来说，比较难理解的是那个突然冒出来的"第三处"，有点突兀——但这是理解这首诗的关键，所以不能回避，必须要解释清楚。我想了想，这样讲给女儿：比如，有天下了很大的雨，妈妈和弟弟在家，他们给我打电话，说你走了就一直下雨。我说，我来单位雨就下不停。然后我们不约而同地想，你在学校怎么办？要不要送伞啊——明白了吗？我们真正关心的是这个没消息的"第三处"，是你在的地方下不下雨。

女儿当下就明白了。我顿了几秒，然后又问她，如果这样说，你看你能不能明白：实际上那个"第三处"的人根本就不在乎下不下雨。比如你正在学校，老师说下节课不上了，改成看动画片，你和你的同学们那会儿都开心死了，谁还管它下不下雨。而且那雨不一会儿就停了——你还想要我们去送伞吗？她乐了，想说什么，又止住了。

我说，诗里这个寄伞的行为或念头，实际上是一种想着法儿去接近对方的由头和借口，是给自己的行为找一点正当性（其实是给自己些信心，这点我没讲，我想，等她恋爱时自然会懂）——看她不懂，我继续举例，比如，每次你爷爷和你视频通话，都要问，你们那边冷不冷？他知道我们这儿不冷，但每次都要问，除了找话，是不是因为爷爷家那边很冷，他其实是想要你去问问他，你家冷不冷。是不是这样？她笑着说："是！而且他非要给我买一条羊毛围巾，我都说了我们这边用不着用不着，他还是要买！还寄过来！"女儿像倒豆子一样抱怨起她爷爷。我说爷爷的羊毛围巾就是那把要寄出的伞了，可能没什么用，但这是一种心意，表达的其实是，他想你了。

这么说，女儿就懂了。下面一节前两句也容易：我的思念就像草，雨下到哪儿，就绿到哪儿，但我人却哪儿也去不了，只能困在雨天的异乡客栈里。翻来覆去，百无聊赖中，我忽然想把一只玻璃杯放到门外面，看看雨到底下了多少——讲到这，女儿问，这不是科学家们测量降雨量的方法吗？这个，她在科普画册上看过的。我说是，不过这个人并不是科学家，他这么做另有目的。你看，他说的是"天下雨"，就不是普通的雨喽，这雨至少落在了三个地方，我之前在的地方，我现在在的地方，还有那个最关键的"第三处"，这三处都在落的雨，把这三个地方联系起来，好像是在同一个地方了——就像你戴着爷爷买给你的羊毛围巾和他视频，他就会觉得和你在一处了，那个玻璃杯中可以度量的雨水，就是这个啦。

女儿有些懂，但还有些不懂，我并不苛求她完全懂。还有些，比如那只透彻、晶莹的玻璃杯，我也没讲，这要留在将来了——天已经晚了，我们要回家煮饭吃了。

注：
* 引自卞之琳：《雕虫纪历》，人民文学出版社，1984 年。

"抱抱"与婵娟的月光

水调歌头
[宋]苏轼

丙辰中秋，欢饮达旦，大醉，作此篇，兼怀子由。

明月几时有？把酒问青天。不知天上宫阙，今夕是何年。我欲乘风归去，又恐琼楼玉宇，高处不胜寒。起舞弄清影，何似在人间。

转朱阁，低绮户，照无眠。不应有恨，何事长向别时圆？人有悲欢离合，月有阴晴圆缺，此事古难全。但愿人长久，千里共婵娟。

女儿有一项假期作业，背诵一首诗，而且开学后还要当堂检查。女儿兴致勃勃，说要背前几天她学会的《雨同我》。我想了下，上次有一个类似的活动，讲成语故事，我本来教她的是田忌赛马，可后来老师觉得这个故事太难，怕小朋友们理解不了，临时换成了守株待兔——于是，全班有二十几个小朋友讲狐假虎威，另有十多个小朋友讲守株待兔和叶公好龙——这些故事的来源很可能就是他们班图书角里某本成语故事书。《雨同我》固然可爱，但不是小朋友们熟悉的文本，为了避免上次的尴尬，加上这些天我在读宋词，于是，决定教她这首《水调歌头·明月几时有》——这种经典古诗词，别人即便不懂，也仿佛不好多说什么。

越是经典的文学作品越难以阐释，一是它们的好真是"空中之音，相中之色"，让人难以把握，而且"言有尽而意无穷"，好像一切都被作品本身说尽了，他人很难置喙。二是它们经过长时间的吟诵、歌唱，成了"熟悉的陌生人"，这些名篇名句，往往是顺嘴就往下溜，难的东西反而视而不见了。

就比如这首千古名词，当我准备讲给女儿时，却忽然发现，我被第一句"明月几时有"给难住了。最泛泛的解释应该是：明月什么时候有？就像我们一直浑浑噩噩地过日子，某时忽然记起，再过不久，就要过年了。那晚东坡先生酒喝了不老少，或许一时糊涂，忘了，故有此问。女儿就是这样理解的，但我想怕是没这么简单。以苏轼的文学素养，他不可能没读过屈原的《天问》、张若虚的《春江花月夜》以及李白的《把酒问月》这一类"问月"名篇，这一问应该是："天上的明月在什么时候，第一次出现在这世上？"这样一问，就把当下的月光和最初的月光给联系起来了，今天的月光就和最初的月光一样纯洁、美丽，纵然世事变迁，沧海桑田，月光却始终这般澄澈、美好。

我让女儿想想 2015 年中秋节时的情景——那晚，我们一家三口去附近的大观楼赏月，人可真不少，女儿拎着刚买的小灯笼在幢幢人影里穿来跑去。好不容易，我们才在滇池边找到一处人少的地方。天上孤悬明月一轮，湖边的桉树被大风刮得哗啦啦响，湖水拍岸的声音却没有平日里响亮，而是像我们聊着的家长里短一样，有一搭没一搭。我们一边吃着带来的月饼、零食，一边赏月观湖——"如果记忆有颜色，那我想它一定是像被月光笼罩着的样子。""对了，那天你还和爸爸说，你觉得天上的月亮一点都没皱。"我尝试着让女儿去回忆和想象那晚的月光，我觉得没有什么比这更能帮助她理解这首诗。

接下来我让她想象和我们世界"平行"的另外一个天上的世界：这个世界，有漂亮的房子、街市，可能也有树，比如桂花树之类的，还有一条叫银河的大河，云雾这些更不用说啦，到处都是……但是，这里特别安静，因为这里没有人，只有神仙。神仙长生不老，他们的数量就不能太多，太多了，这个世界里的居民只会增加，不会减少，总有一天它会被挤爆掉。

"你一定还记得嫦娥奔月的故事吧，你们幼儿园的时候老师就讲过的。她偷吃了丈夫后羿从西王母那里得到的长生不老药，因为吃了双份儿的，药性太猛，所以'嗖'的一声，像火箭一样飞到了月亮上——月亮上的居民就更少了，你说说有几个啊，都是谁？"女儿想了下，说有两个，一个是嫦娥，一个是她的兔子。我提醒她，还有一个天天砍树的吴刚，她摇摇头——看来已经和月饼一起吃到肚子里，完全忘记了。

我说："你看，这首诗里的人就像嫦娥一样，可以乘着风，飞到天上的世界去，但他想了想，天上的世界太冷清，也太无聊。'高处不胜寒'这里的'寒'除了冷，更多是一种孤独的感觉。你想想看，嫦娥是不是特别孤独？"女儿说："是的，只有小兔子做她的宠物。"

"所以诗人决定还是不去那个世界了，就算是可以长生不老，但也太孤独，太无聊，所以他决定留下来，留在我们的世界上。

"可这时月亮不干了，开始捉弄他——先是绕着他住的房子转圈圈，还故意在窗子上探头探脑，就是不让他睡觉。你一定还记得我们晚上出去散步，无论你跑多快，跑多远，月亮总像是追着你，和你保持着一样的距离，是不是？"

女儿想了想，笑着说："对！"

"诗人写的就是这种感觉，只是把它给拟人化了。——可是这月亮太淘气了，就像一个小朋友，明明知道今天我没法和亲人团聚，它却变得更圆，像是在故意气我一样。这是这节诗字面上的意思，好像是月亮和我两个人在做游戏。实际上呢？你想想，是不是其实只是他自己在那里一个人郁闷着？"

女儿眼睛往上挑了下，回过神来说："是的！"

"所以，这节诗实际上挺伤感，但诗人写得不伤感，反而挺好玩，这是他特别厉害的地方。

"只有这么厉害的人，才会有下面的感触：'人有悲欢离合，月有阴晴圆缺，此事古难全。'和天上那个世界相比，人间总会有缺憾，没办法长生不老，也没办法心想事成。但它有天上那个沉闷孤寂的世界所不具备的美好，诗人写'但愿人长久，千里共婵娟'。远隔千里，但我们在同一时刻，共享这美好的月光。

"除了这层意思，爸爸再问你，在这首诗的开头，诗人说'明月几时有'，把今天的月光和从月亮出现那一刻的月光联系起来，在这首诗里，他是不是把时间都给'压缩'成了一天、一晚？而在结尾，他又把距离给'压缩'成了一处、一地？"

女儿说是的，好像全都发生在一个地方的一个晚上。我说是，这也是文学的魅力之一，也是写作的魅力，你可以暂时超越时间和空间的束缚，把本来被时间和空间隔离开的，都暂时聚拢在一个"瞬间"。

最后，我给她讲了，这其实是一封信，是用诗歌的方式写给诗人弟弟的一封信。"但愿人长久，千里共婵娟"是一个祝福语——我问了她最后一个问题："为什么诗人只是祝福他弟弟与他同享这月光，而不是其他的，比如祝身体健康、幸福美满、走运发财一类的？如果爸爸写一封类似的信给你，你最希望得到什么祝福？"本来，我想她会希望快快长大，或是更多的玩具、更棒的成绩等，但女儿想了一下，说最想要的，是我抱抱她——对，她已经懂得了那个"瞬间"美好的秘密。我有些激动，克制了下自己，抱了抱女儿，对她说："这抱抱，就是那婵娟的月光。"

明月与乡愁

静夜思

[唐] 李白

床前明月光，疑是地上霜。
举头望明月，低头思故乡。

女儿最近学《静夜思》，在辅导作业的同时，我也顺便给她讲了讲这首诗。

我觉得阅读任何文学作品，要做的第一件事都是在头脑里"构建"出文学作品得以发生的"世界"。简单的，如童话里常用的"从前，在某某地方住着一个某某某"，这个"从前"，通常都无法追溯，而某某地方又在遥远到无法企及的乌有乡中，这样一来，就把现实"隔绝"到故事之外，种种不可思议的神奇事件跳脱了现实的引力法则，开始任意翱翔。而读者需要做的，就是暂时忘记现实。复杂些的，可能就不是简单的"隔绝"与忘记，它需要读者付出一定的心智努力，"参与"到这个世界的构建里来。这首《静夜思》属于后者，我讲的时候，要求女儿先去想象这样一种宁静的夜晚：它不但静谧到没有任何声音，而且仿佛整个世界只剩下了如霜的月光。这有点儿像梦境——醒着做梦。

"我们可以想象下，作者或诗里写到的人，在这样一个宁静的夜晚，突然醒来，昏头昏脑迷迷糊糊的时候，发现地上全是霜，'啊！我这是在哪里啊？难道是睡在荒郊野外了吗？'片刻，他清醒过来，发现那些满地的白霜，只是月光。嗯……可能还有另一种可能，就是这个人整夜都没睡，一直仰望明亮的月亮，天越来越凉，那明亮的月光也像是露水凝成的霜一样，让人感觉寒冷——你觉得哪种情况更合理？"

女儿想了一会儿，说是前一种。我告诉她两种情形都合理，如果她可以自己想象出第三种，也是完全可以的，只要能把它"装"进我们刚刚构建成的世界里。

我没有过多纠结在这首诗的字面意思，譬如是"床"还是"窗"，乃至井栏之类，我觉得这都不会影响我们对这首诗的理解与欣赏。理解这首诗，要点在诗之外，在于理解"月亮"这个意象在中国文化尤其是中国传统文化、文学里的意义。在女儿有限的阅读里，她至少会背两首关于月亮的诗，一首是幼儿园时老师教过的"海上生明月，天涯共此时"（张九龄《望月怀远》），还有一首是前一段时间我给她讲过的《水调歌头·明月几时有》。

"你可以发现，在这些诗里，月亮，尤其是明亮的圆月都和思念亲人、故乡、朋友联系在一起——在过去，交通不便，通信也不发达，没办法像今天这样，用手机就可以和爷爷、奶奶、外公、外婆他们聊天、视频通话。那时的思念是无声的，亲人、故土是记忆中的样貌，远隔千里；近在眼前的，唯有那明晃晃的月光，所以苏轼才怎么说来着？"

"但愿人长久，千里共婵娟！"

"很对，所以我们的老祖宗们很了不起，他们发现了美丽的月光与人的美好情感之间的联系。通过无数诗人的吟诵，情感因此变得愈加纯粹、祥和，月光也因此愈加宁静、美丽，两者交融在了一起。这可能是中国人的独特体验，外国人就不一定会这么想，明月带给他们的感觉可能是不一样的——你还记得狼人吗？就是爸爸玩的游戏里的那种？传说他们平时是和我们一样的人，但是在月圆之夜，他们就会变成狼……"

女儿发出"呃——"的声响，很嫌弃的样子。

"所以，圆月带给他们的可能是恐惧、疯狂的感觉。这种感觉在中国古典文化、文学里不多见，通常中国人都把明月作为思念的信物，明月千里寄相思——这首诗也是，他用明月寄托对故乡的思念，中国人把这种感觉叫'乡愁'。

"理解了这点，就可以明白为什么他一直说着月亮、月光，却突然跳转到故乡。这是一种文化传统的惯性，就像我们过年吃饺子、中秋节吃月饼一样。不过，光有这些，不足以让它成为一首好诗，爸爸觉得这首诗之所以好，是因为最后两句——

"你看，他其实只写了两个动作，一个是'举'，一个是'低'，也就是抬头、低头的那一瞬间，一种思乡的情感油然而生。他特别准确地写出了那一瞬间的感觉，这就像捉蝴蝶，一个人凭空站立，伸手一下子就抓到了一只蝴蝶，干净利落，不像某个小朋友，拿着网子扑腾了半天，还是抓不到……"

女儿听出我是在打击她，装出生气的样子，不过很快，她就因为脑子里浮现出小朋友捕捉蝴蝶的笨拙情形而开心起来。

"抓住那稍纵即逝的刹那，把它准确而简洁地表现出来，这就是写作，尤其是写诗的秘密，记住了吗？"

本来讲到这里，我以为就算讲完了，不过昨天辅导她作业时，我看到她作业里有一个关于这篇课文的填空题，"这首诗表现了诗人___的情感"。我想出题人的标准答案应该会是思乡、思念故乡一类，女儿开始填的是"有点伤心"，我觉得也没问题，只是这个"有点伤心"和后面的字词连不成句子。让她重填，她想了想，又填了"想要回家"。我觉得也可以，不过，我还是多给她讲了讲"乡愁"和真正回家之间的区别。

"有时候，你说想家并不一定是真正想回家，这是有区别的。比如爸爸经常会想起宝昌，和你们说宝昌，但并不代表爸爸就一定想回去，我还是更喜欢现在的生活。而且，爸爸小时候曾经玩耍的地方，现在已经变了样子；熟悉的人，大部分都远走他乡；亲人，你的爷爷、奶奶、姑奶、舅爷们一年比一年苍老，不再是当年的样貌——中国人讲'近乡情更怯，不敢问来人'，就是害怕真正回到家的那一刻来临，会把记忆里美好的东西全部毁掉，所以他宁愿保持现状。故乡，其实是个时间概念，而不是空间的，它是记忆里摇曳的烛火，是那抹亮色里的温存。"

不是送别，是与你同在

一、几句题外话

女儿的假期语文作业里有一项，背诵十首古诗和两篇古文。老师只要求背诵，但我觉得如果孩子不理解诗和文的意思，背得滚瓜烂熟也没多少意义；而且，即便我们了解了其意义，有些诗文也未必值得拿来教孩子。

传统也好，经典也好，并非一个不证自明的存在，在这点上，我觉得当代人，特别是家长、老师得有点"拿来主义"的派头，去其糟粕、取其精华，给孩子的，应该是传统文化中依然保持蓬勃生命力、能够给予当代人以启发、思考的那部分，而不应该泥沙俱下、良莠不分。林庚先生在《我为什么特别喜爱唐诗》里说道："我们读唐诗正是要让自己的精神状态新鲜有力，富于生气，这种精神状态将有助于我们自己认识我们自己周围的世界；而世界的认识却是无限的。"我觉得这就是我们现在去学习传统、古典文化所应具有的态度和意识，否则就只能成为古人的传声筒、留声机，变成当代的遗老遗少。

因此我决定自己来选一些不超越孩子经验范畴，具有独特精神气质，至今依旧能够给予人启迪，并依然葆有魅力的古诗，来和女儿一起学习。顺着我这些天正在读的施蛰存先生的《唐诗百话》翻下来，第一首我选了王勃的《送杜少府之任蜀川》。

二、疏通文义及一小点引申

送杜少府之任蜀川

［唐］王勃

城阙辅三秦，风烟望五津。
与君离别意，同是宦游人。
海内存知己，天涯若比邻。
无为在歧路，儿女共沾巾。

我准备两天讲一首诗。第一天先和女儿一起读几遍，熟悉文本，搞清楚一首诗的字面意思，适当进行一点引申；第二天，在对诗有一个整体认知的前提下，来谈一谈诗的意义。

在讲之前，我问女儿："你已经学过几首古诗，你能告诉我古诗和我们现代人说的话、写的文章有什么不同吗？"女儿思索片刻，回答我，古诗是一句一句固定的，字数很少，还押韵！我说对，这是一个重要区别。因为字数和形式的限制，所以古诗使用的语言是一种概括力很强、高度艺术化的语言，这和我们日常用语的随随便便、鸡零狗碎很不一样，它必须很凝练，得把日常语言里的"水分"挤压出去。女儿插话，问我是不是像水晶那样？我想了下，说是的。更准确地，应该叫"结晶"。因此，在阅读古诗的时候，我们得打起十二分精神，盯紧它里面每一个字、词，不能轻易放过它们，得来回"磨"上几"磨"，得把这些压缩的意味一点点"拆解"开来。

"就拿本诗的第一句来举例子，'城阙辅三秦，风烟望五津'，这十个字至少就有两个层面的意思：一是点题，既然说了是送别，那就会有一个出发地、一个目的地。就像数学应用题，杜少府从都城这个点出发，画一条线段，沿途经过了五个著名的渡口，到达目的地蜀川。没有这两句，整首诗就会变得很奇怪，让人摸不着头脑。如果仅仅满足于此，那王勃就算不得是一位技艺高超的诗人，这首诗总共就四联，这么就浪费了一联，实在是得不偿失。所以这两句诗的意思可不限于此，我们认真一些，会发现诗人绘制的并不是一张'平面'的几何图，它至少是画满了等高线、涂满了颜色的'地形图'：三秦大地拱卫都城，蜀川则在远方的云雾里若隐若现。顺着这个思路再往前想，这'微缩'景观里暗含着一种'囊括宇内'的认知，既然世界在我心里只有沙盘大小，那么'海内存知己，天涯若比邻'也就自然而然了。"

三、不是送别，是与你同在

第二天，在女儿对这首诗有了一个大概的认识之后，我打算和她一起来深入探讨下"送别"这个主题——"送人远行，就要作诗，这是唐代知识分子的风俗。一部《全唐诗》，送行赠别的诗占了很大的百分比"，施蛰存先生《唐诗百话》如是说。其实何止唐代，中国历朝历代的诗文里都不会少了送别诗这个保留节目。我本来是想选些诗来，不过，为了便于小朋友接受，我决定先放两首歌给她听，一首尧十三的《雨霖铃》，一首陈鸿宇的《别送我》。

尧十三的歌，歌词就是柳永同名的词，这是宋代的词。陈鸿宇这首歌的调子用的是《五百英里》（"500miles"，美国民谣歌手海蒂·韦斯特创作的一首乡村民谣），词算是一首现代诗。听完后，我问女儿："以上两首歌里表达的送别时的感情是怎么样的？结合你自己的生活经验，谈谈你对送别的感想。"女儿想了想，说："送别的时候很伤心。而且，我觉得如果是一个人走，好像也就不觉得怎么难受，但人一多，反而就会很伤心。"

我觉得女儿说得很好，送别，送别，一是送，一是别，所以关系双方。分别之际，"离"与"别"仿佛是断崖的两岸，一条永远无法弥合的裂隙将本为一体的某物就此割裂。因此，《雨霖铃》也好，《别送我》也好，还是之前她接触过的《送别》也好，这里面的"送别"都是比较感伤的。《雨霖铃》里说"多情自古伤离别"，分别之际，彼此情感都很压抑、痛楚，"别"的一方理智上知道必须要走，但情感上始终无法接受。《别送我》里，在送别里插入"云一朵、云两朵、云三朵、云四朵"这么奇怪的句子，是因为"送"的一方为了转移视线、分散痛苦，所以去漫无目的地数天上的云朵。数着数着，仿佛起到了不断推迟分别时刻的作用。这两首歌或诗，表达的是我们中国人比较普遍的、对于送别的情愫：依依不舍、难舍难分、一路平安、再见以及长相思、长相忆等。

为了缓解离别之苦，除了思念、回忆，人们还创造了通信的方式来彼此联系，克服时空的障碍。在古代，人们会彼此写信，或找熟人带口信，甚至幻想那些善良的动物——高飞迁徙的鸿雁、深水巡游的鲤鱼帮助我们传递信息。到今天，受惠于交通、通信技术的进步，视频、语音似乎消除了时空的阻隔，即便你远到天涯海角，甚至外太空，也可以和亲人、朋友面对面进行交流。所以今天，对于送别这种仪式，我们理解的，和古人稍有不同，可能没有那种痛彻心扉的感觉，不过，那种牵挂和思念的感情是相同的。

与之不同的是，至少在这首诗中，王勃不认为是时空造成了障碍。在诗人看来，大丈夫纵横四海，天地之间都是供其驰骋的舞台，无所谓"此"，也无所谓"彼"，京都也好，蜀川也好，区别不大。魏晋时期，有个名士叫刘伶，他喜欢喝酒，喝醉了就赤裸裸地躺在屋里。有人责备他，他就说，天地就是我的屋子，屋子就是我的裤子，我还穿什么裤子？虽然有些荒诞，但他对世界的理解和诗人在这首诗里说的有些像，都是一种以四海为家的情怀。

　　此外，诗人在这首诗里还表现出了一种认知的自信：他觉得人与人之间的相识相知要远远重过大家在现实中的彼此依偎、抱团取暖。所以，分离与否，并不重要，因为作为知交，我始终"与你同在"。正因为这样想，所以这首诗不消沉、感伤，它的情感基调是奋进和激励的，里面甚至有一些顾盼自雄的姿态。这不一定对，但其中的豁达和洒脱，很值得我们学习。

　　作为参考，我又给女儿读了王维的《送元二使安西》、王昌龄的《芙蓉楼送辛渐》。我简单讲了下诗的字面意思，听完后女儿想了想，说，前一首接近《雨霖铃》，后一首在《雨霖铃》和《送杜少府之任蜀川》之间。我觉得她说得对。

繁花树下，没有人是异乡客

杂诗（其二）

[唐] 王维

君自故乡来，
应知故乡事。
来日绮窗前，
寒梅著花未？

几年前回了趟老家，拜访了家中长辈，老朋友也见了不少，草原白酒更是从早喝到晚，差点醉着回昆明。在醉酒的间歇，抽空带着妻女绕了绕老家周匝的草原、戈壁。本来觉得了无遗憾，可临走时总觉得欠点儿什么，回昆许久，突然想起，我应该去看看那丛丁香树的——老房子旁边是一个苗圃，进门处种了好大一丛丁香树，初夏丁香花绽放，细碎的小花团簇成淡紫淡粉的云雾，散发着带一丝苦涩的清香味。那时，我喜欢带一本书，躲到树下去读，一直读到傍晚，天色昏暗，三三两两吃过晚饭散步的人们在树下聚拢。后来，听说苗圃的地卖了大半，那片丁香树丛也被砍伐殆尽，改建成一个建材市场。明明知道那丛树不在了，可我总还是希望再转回去，亲眼看一看。

对像女儿这么大的小朋友而言，"乡愁""乡情"是比较抽象的，在给女儿讲王维这首诗的时候，我就以自己为例，给她讲这件往事，帮她去理解这首小诗。诚如刘学锴先生言："所谓'乡思'，完全是一种'形象思维'，浮现在思乡者脑海中的，都是一个个具体的形象和画面。故乡的亲朋故旧、山川景物、风土人情，都值得怀念。但引起亲切怀想的，有时往往是一些看起来很平常、很细小的情事。"（刘学锴《唐诗选注评鉴》）因为某些偶然的机缘，一些本来风马牛不相及的事物和我们的某段经历、感情、境遇"绑定"在了一起，时过境迁，当记忆已经被时间淘洗得只剩下一些模糊的轮廓、断续的影子，反而是那丛丁香树、那枝梅花变得更为真实、清晰起来，它们就像是那段经历、情感、境遇的信物，维持着我们对过去的信赖。

"爸爸已经记不起当时读过什么书，当时觉得那些书才是重要的，值得记住的，那些树反正总是在那里，而花也会应季开放，见得多了，就麻木了，没觉得有必要去特别记住它。可我们的大脑就是这样和我们开玩笑，嘲笑着我们的健忘与薄情，觉得重要的，没记住，忽略的，反而不离不弃。当然，从另一个角度来想，这种感觉也很奇妙，有一位作家（普鲁斯特）有一次偶然吃到一种叫小玛德莱娜的点心，他瞬间想起，这是小时候的某种味道，而这曾经熟悉的味道像一个小小的线头，顺着它扯下去，一件件、一桩桩本已遗忘的事情都被唤醒了，他回到了自己的童年时光。他牢牢记住了这些感觉，并把它们写成了一本全世界数一数二厚的书。王维绮窗外的寒梅、爸爸记忆中的丁香树丛大概也是这样的线头，后面藏着一个大大的、纷繁纠结的大线团。"

我这样给女儿解释了为什么在这首诗里，用一枝绮窗外的梅花寄托诗人的乡情。当然，关于此，也有不同的意见，前几天我刚好读了台湾学者欧丽娟的《唐诗可以这样读》，她用心理学里的"自我防卫机制"来解释"来日绮窗前，寒梅著花未"，可谓别出心裁，特别精彩。我也结合另外一首唐诗，宋之问《渡江汉》里的"近乡情更怯，不敢问来人"，和女儿一起，尝试着从这个角度来理解这首诗——我在给女儿讲文学作品时一再和她强调，在文学艺术领域，没有唯一正确的答案，你能设想的角度、理解的方式越多，你所获得的也就越丰富。

所以，最后我鼓励女儿，尝试着以自己的角度、方式、方法来理解这首诗。我说了我的理解：以上两种理解，角度各不相同，但他们都还是把那枝梅花看作真实存在、具体的梅花。我们也可以尝试着这样去理解，那枝梅花可能是真实的，也可能只是一种虚构，一枝只存在于诗人脑海的虚构出来的梅花——它之所以出现，是因为它的某些特性，比如美丽：故乡，特别是我们思念它的时候，总会以它最美丽、美好的一面出现在我们的记忆里，甚至一些本来平凡、普通乃至有些丑陋的事物也会披上一层美丽的光晕，用一枝梅花寄托乡情，美丽又不流俗。再比如耐寒而先发：梅花耐寒，先于百花绽放于寒冬。思乡是一种苦情，思久而不得，愈加苦涩，在这些苦涩里，寻出一枝美丽的寒梅，就会尤其慰藉人心。

讲到这里，我想起小林一茶的俳句："在盛开的樱花树下，没有人是异乡客。"在这寒梅树下，想来也不会有异乡客。

风暴眼中的日常景象

江村

［唐］杜甫

清江一曲抱村流，长夏江村事事幽。
自去自来堂上燕，相亲相近水中鸥。
老妻画纸为棋局，稚子敲针作钓钩。
多病所须唯药物，微躯此外更何求？

疫情发生至今，女儿一直没出门，对于外面正发生的一切，她缺乏概念，但有一耳朵没一耳朵听我和妻聊天，她大概也朦朦胧胧感觉到外面的世界正处于危险之中。＊闭门不出，我们的古诗学习却还得继续，讲完李白，自然要讲讲杜甫。

给女儿讲杜甫比较困难，因为老杜的好，是需要一些人生阅历的积淀才能品咂出来的。洪业先生《杜甫：中国最伟大的诗人》里有这样的说法："读李（白）诗、白（居易）诗，好比吃荔枝吃香蕉，谁都会马上欣赏其香味。读杜诗好像吃橄榄，嚼槟榔，时间愈长了，愈好；愈咀嚼愈有味。"一个人涉世未深，尚被骄阳雨露宠溺的时候，是不大容易能欣赏杜甫的，也许还避之唯恐不及；只有尝过些人生冷暖、世态炎凉，可能才体会得了杜诗深沉与悲悯的情怀，才能感受杜诗厚重且慰藉人心的力量。把这些讲给小朋友，有些强人所难。好在杜甫是一位大诗人，题材涉猎相当广泛，有一些还是可以讲给小朋友的，我找了几篇，最后选了这首《江村》。

之所以选这首，和它的写作背景有相当的关系。杜甫作《江村》，是他入川建成草堂不久。当时，唐王朝叛乱未平，社会动荡，不过在这危机四伏的大背景下，杜甫个人却暂时告别了颠沛流离的逃亡生活，开始一段恬淡而宁静的田居生活。这一方小小的草屋，俨然成了狂风肆虐之下的"风暴眼"，暂时庇护了杜甫一家。读这首诗时，我有些不太恰当的联想，觉得这"风暴眼"与当前颇应景——相信不少人因为被限制外出而有了更多时间陪伴家人。

"你看，现在妈妈在刷手机，弟弟一边自言自语，一边在玩他的玩具车，而我们在学习唐诗，好像每个人都在忙自己的事，互不打扰。但实际上，弟弟一抬头要是发现我们不见了，他肯定会哭，会到处找我们。这就是家庭环境一个奇妙的地方，每个人仿佛都各行其是，却共同营造了一种安全舒适且让人惬意自在的氛围，这种氛围就是'老妻画纸为棋局，稚子敲针作钓钩'的趣味所在，甚至之前两句'自去自来堂上燕，相亲相近水中鸥'也可以囊括进来，把燕子和水鸥也视为杜甫家庭的一分子。

"维系这种家庭氛围的关键是爱，我们从这首诗的字里行间读出了杜甫对于亲人、小动物乃至大自然的爱，这也让这首诗显得亲切自然，特别有生活气息。诗里面好像没写什么'高大上'的东西，都是触目可及、触手可及的寻常事物，但经杜甫的手一组织一摆弄，就显得与众不同起来，好像一下子有了味道。这里面有杜甫的天赋和技艺成分，更多地，我觉得还是和他认识世界、看待事物的方式有很大关系。

"比如，在之前，我想我们不太会觉得在家周围散散步，到小超市买买东西是一件特别让人开心的事情，可经过这些天，是不是会觉得能出去自由自在地走走跑跑是一件特别让人开心的事？听妈妈说你和她下楼去取个快递都整整开心了一上午，是不是觉得以前那种平平淡淡的生活其实也未尝不是一种幸福？这就是我们大部分人的常态，我们对于生活，特别是日常生活比较迟钝麻木，缺乏感觉，得有一定的刺激，或是经过一番对比，才能回过味儿来。艺术家则比我们要敏锐得多，比如一位俄国作家（屠格涅夫），有人曾这样评价他，说他写的事物就环绕在我们周围，但不经他的指点，我们看不见。杜甫亦然，他能够捕捉这些平凡事物身上偶然闪现的光亮，一只在溪水里游弋的鸥鸟，在我们平常人，可能只是偶然一瞥的模糊印象，但是在杜甫那里，它不但成了其新居的必要组成部分，甚至与作者心照不宣，成了心灵相契的朋友。

　　"除此之外，我们常人更多时候是在'过生活'，生活是达到某种目的的手段或不可省略的步骤，是日历牌上撕下的一页页数字。生活的意义，得靠最终目标的达成与否来衡量，比如你期末考试的成绩，用以评价你这学期的学习成效；比如爸爸每年的年度考核、工作总结等。而像杜甫这样的诗人，他也有自己的人生目标或理想抱负，比如个人才华的充分施展，为苍生谋幸福，国家变得强盛等，但除了这些目标，他还会'生活'。生活就是生活本身，我们普通的人，过的寻常日子，其间的喜怒哀乐、悲欢离合，所有这些构建我们生命历程的细小部分，或许它们很渺小，但对生命不可逆的我们每个个人而言，都弥足珍贵，失去它，我们的生命就因此少了一分完美，多了几分缺憾。这样看待、对待生活的人也将是有福的，因为他们的生命体验会比我们丰富，从某种角度来看，是延长了自己宝贵的生命。这也许就是杜甫说'多病所须唯药物，微躯此外更何求'的原因所在，在那一刻，那个瞬间，他犹如在风暴眼里看到了生命的恬静与美好。"

注：
本文写于 2020 年年初新冠肺炎疫情暴发之时。

两位渔夫

讲了杜甫之后，我概括性地给女儿讲了讲"中唐"诗歌，选了些比较有趣的诗人和他们的诗读给女儿听：比如韦应物，这位诗人年轻时是一个不学无术、骄纵轻狂的纨绔子弟，中年之后，人生际遇陡转直下，他也幡然悔悟，开始修行学文，终成一代大师。比如特立独行的韩愈，他就不满足于按照既定的套路、范式来写诗，而是在诗歌的题材和形式上标新立异、大胆尝试，他写的诗不落窠臼，很有新意：像《落齿》，讲的是他掉牙的事儿，这类题材在过去是很不入诗人"法眼"、上不了台面的，韩愈不但写，而且还写得不差，从这略显琐屑的日常小事里悟出了人生道理。再比如刘禹锡，他因为游玄都观写诗"玄都观里桃千树，尽是刘郎去后栽"，"语涉讥刺"而被再次贬谪，十二年后"刑满释放"，故地重游，他再写玄都观桃花，"种桃道士归何处？前度刘郎今又来"，不改本色。

东拉西扯讲了半天，我决定选中唐两位诗人同题材的诗精讲，一首是柳宗元的《江雪》，一首是张志和的《渔歌子》。两首诗都写渔夫，志趣却大相径庭，很值得比较着来读读。

江雪

〔唐〕柳宗元

千山鸟飞绝，万径人踪灭。
孤舟蓑笠翁，独钓寒江雪。

渔歌子五首（其一）

〔唐〕张志和

西塞山前白鹭飞，桃花流水鳜鱼肥。
青箬笠，绿蓑衣，斜风细雨不须归。

选《江雪》是因为女儿上学期学过，那段时间我工作繁忙，没来得及给她好好讲讲——我始终认为，这首诗是不太适合拿来给小朋友学习的，因为它看起来简单，字少且不生僻，但内里其实比较复杂，里面有小朋友们尚未涉猎的很多典故、文化背景，也有成年人才有的一些人生经验，不理解这些，是无法充分理解和欣赏这首诗的。

这里说点题外话，我觉得在当代教孩子学古诗，不应取"熟读《唐诗三百首》，不会作诗也会吟"的态度，好像只要早接触、多读、熟读、多背，古典文化、传统文化的熏陶、修养就自然而然地附体上身了一般。在我看来，这其实只是在做些无益的表面工作，浮光掠影地背诵十首，不如透彻地讲一首。知识的积累、熟练度的操习，是学习教育的一部分，更重要的，是那些真正吸引、俘获我们，让我们产生深深认同感的东西——这在教育过程里，有点可遇而不可求的意味，不过，讲清、讲透，让孩子可以去感受、体验、理解，进而思考并做出自己的判断，这是教育的应有之义。没有这些，只是囫囵吞枣地吃进去，那么任何古典文化都只是些没有生命力的故纸堆、冷灰烬。教育发展至今日，除了文本本身的经典性标准，还应该讲点儿"接受主义"，充分考虑小朋友的经验范围、知识结构以及孩子的心理特点与接受方式。

回到《江雪》这首诗，我觉得要理解这首诗的好，不讲清楚这位"孤舟蓑笠翁"是不行的，而要讲清楚，就得讲讲历史故事。传统文学涉及渔夫的作品可不老少，我想了想，选了三个。一个是姜子牙渭水垂钓的传说，选这个一来它属于民间传说，通俗易懂；二来这故事里钓鱼人姜子牙所追求的，也是比较传统的"达则兼济天下，穷则独善其身"一类，比较有代表性，可以作为一个大的背景，帮助女儿理解"钓鱼"这一行为在中国传统文化里的象征意义。第二个我选的是《楚辞·渔父》里那位神龙见首不见尾的世外高人，他更有文人气质，还有几分道家的仙气儿；这个故事代表了"渔夫"象征的另一面，明哲保身，隐遁于江湖。第三个我选了严子陵的传说故事，这个故事是屈原渔父故事的现实版本，有些内容也契合张志和那首诗所传递出的东西。

除了故事，我也给女儿读了些和渔夫、钓鱼有关的古诗，比如李颀的《渔父歌》，孟浩然《望洞庭湖赠张丞相》里那句著名的"坐观垂钓者，徒有羡鱼情"，柳宗元另外一首和钓鱼有关的诗《渔翁》等，这样一通读、讲下来，女儿大概明白了这位"孤舟蓑笠翁"究竟是怎么一回事。不说别的，光看那在雪中傲然独钓的架势，就可以肯定他绝非等闲之辈。他或许和姜子牙一样，胸怀澄清宇内的志向和才干，希望被人赏识，得以施展抱负，成就一番事业；但也不愿意放低身段，像孟浩然那样去求高官显贵们引荐，所以在出仕与归隐、"达"与"穷"之间，把自己放逐到了一个中间地段——这可能也是历朝历代不少知识分子的道德与社会处境，所以特别能引起他们的共鸣。当然，这首诗里的渔夫与众不同的一点是态度比较决绝、傲岸，把自己的"后路"给断了。传统的归隐与垂钓，就像严子陵的传说、张志和的词里表现的，我虽然放弃了功名利禄，却因此可以投入大自然的怀抱，纵情山水，江海寄余生，乐得潇洒自由。这首迥然不同，他把外部世界渲染得分外荒凉、孤寂，甚至很有点人类尚未出世的洪荒感。这么做，更像是一种表态：不流于世弊，不苟且于现实。

搞清楚这位"孤舟蓑笠翁"，就可以回过头来再仔细看看他钓鱼的环境：诗题为《江雪》，可除了最后一句，其他句好像都和雪没关系，他用了另外一种办法间接表现雪。这种方法有点像数学里的减法，他把整个世界里活动的、富有生命力的、纷繁多样的，都"删除""腾空"，只留下一些大概的轮廓，仿佛写诗就是在"模拟"下雪，用文字下了场雪，把多一点的部分全给"覆盖"起来。最后字儿都嫌多，删到不能再少，留下大片的空白。这样显得天地特别辽阔，也就更加肃杀和萧条。在这样不断拓展的大空间、略显单调的大背景下，一个小黑点就相当夺人眼球，那位"孤舟蓑笠翁"就这样力透纸背，突兀、坚硬、鲜明地宣告着自己的存在。这在中国传统文化里是很有代表性的一种表现手法，叫作"留白"。比如画画，除了用笔墨渲染、勾勒的部分，还有意识地留下一些空白，让别人去想象。充分利用表现空间，强调整体效应，是比较高明的举动。

和《江雪》里光秃秃、阴惨惨的世界相比，《渔歌子》的色调就明亮了许多，时节也由凛冽的寒冬转换为温润怡人的暮春。和上首诗的肃杀相比，这首诗里充满了勃勃的生机，白鹭翩飞，桃花流水，鳜鱼因肥硕而行动略显笨拙，别的不说，光想象一下它们的色彩和动作，就很让人心旷神怡。诗人好像是在作画，在这些景物之外，他开始绘下关键的那位渔夫，不过他没正面写，而是重点去勾勒他的箬笠、蓑衣，这么写的原因藏在下一句，就是下雨，因下雨而着箬笠、蓑衣。雨也很配合，不是暴雨，也不是苦雨，只是斜风细雨。这恰到好处的春雨好像一层"增光剂"，将箬笠、蓑衣一洗如碧。通篇下来，诗人只是在客观地描述，好像没写这位渔父的心情、感受，但字里行间洋溢的畅快与惬意，已不辩自明。严子陵隐居富春山，虽然有明哲保身的考虑，但这"清风朗月不用一钱买"的自由自在肯定也是其中重要的因素。

"临渊羡鱼，不如退而结网"，就获取渔获的效率言，钓自然不如网、不如罾，网罾复不如炸药、机船拖网之类。故钓鱼之道，不在鱼而在钓。所以，钓的是鱼，或是江雪、天下，其乐趣应该都在于钓的过程。在这点上，严子陵、张志和想得倒是非常通透。

钓鱼之乐几何？怕只有深爱此道的人才能说清楚。除了中国人，外国人对此也颇有见地，最后不妨听听英国的一位资深钓客如何描述："当律师被杂物湮没，当政客尔虞我诈，咱们却坐在开满立金花的河堤上，听鸟儿鸣唱，看银色溪流从身边静静流过，我们的心也随之静默。确实，我的好徒弟，我们可以把波特勒医生说草莓的话用在垂钓上：'上帝当然能造更好的浆果，可当然他也没造。'因此（我或许可以如此判断），'上帝从没有创造出比垂钓更安详、单纯的消遣'。"（艾萨克·沃尔顿《高明的垂钓者》）

第二章

这首诗的形状，女儿知道

我又问她，如果把这首诗想象成一幅画，你觉得这幅画是用什么画的，是彩铅、油画棒，还是水粉颜料？她很快回答我，是水粉颜料，因为有雪，雪很湿——她回答得很好，她理解了诗里面各种颜色在雪里彼此渲染、融会的感觉。

雨的拼图

雨后 *

[英] 爱德华·托马斯

下了一夜的雨，一天又一夜，停了，
值此苍白、堵塞的天
露出天光。窥视的太阳看到
发生了什么。
树下的道路，镶了两道
紫色的新边，
夹在鲜亮、稀疏的草篱之间：
十一月了，所有
剩下的叶子都被撕扯下来，
从榛丛、荆棘
和更大的树上。当风返回，
没有一片枯死的叶子
落在树丛下的草皮上、绿苔上
和被焚黄的蕨类上；
白蜡树上的小叶子，飘落，
稀疏地排在路上

如同小黑鱼，组成图案，

好像在演戏。

从一棵野苹果树繁密的枝条上

看到十二个黄苹果

垂下，紧实硬挺，泛着光泽，

那么可爱。

幽谷里，每一条细枝都附着了

数不清的

凝结的水晶，又黑又亮，

雨又开始下了。

（杨铁军 译）

昨天我接女儿回来时刚好赶上一场大雨，她说，要不今天就讲首关于雨的诗或小散文好不好？我说当然好了。这些天我在读特德·休斯的《诗的锻造》，里面有一章专门讲和天气有关的诗，到地儿雨正好也停了，我就选了这首爱德华·托马斯的《雨后》。

这是一首看上去平淡无奇的诗，像一幅基调暗沉的风景油画——有点像康斯太勃尔画的那种。我从这想法里获得了一点灵感，决定把这幅油画"剪"开来，做成一副拼图玩具，讲给女儿。

我先读了一遍，让女儿大体有一个印象。然后告诉她，我们现在要玩一个雨的拼图游戏，首先需要我们把大脑里刚才产生的印象"剪"开来，分成一块一块的小拼图：

"先看这一块，这一块是拼在上面的，是天空。你能告诉我，为什么天空是堵塞的，而太阳在窥视吗？"

女儿想了下，回答："是不是因为云啊？太阳和天空都被遮起来了。"

"是的。你想象下，天气晴朗的时候，天空就像是一条无比宽阔、畅通无阻的大路，好像只要我们纵身一跃，就能跳到宇宙里面去。而阴天时，这条道路就被云给堵塞了。可能是被堵得无聊，也可能是想看看我们背着他干些什么，所以太阳就从云层的缝隙里露出一只眼睛，偷偷窥视着下面的世界。

"接下来一块拼图在靠下的位置，是一条被雨洗刷过的道路和道边的杂草，诗人用的形容词是鲜亮，想象下菜铺里刚刚喷过水的蔬菜，是不是会有鲜亮的感觉？和它拼在一起的，一块是掉光了叶子的树，另一块是树下的草皮和绿苔。这几块拼图加上天空那块，基本构成了一幅画的大框架，让我们对雨后的乡村风景有了一个大体上的感觉和印象。就像你画油画，是不是要先涂出背景，然后再加工细节？"

得到女儿肯定的回答后，我们继续："接下来的几块就是细节的笔触了：第一块，几片像小黑鱼的落叶，它们构成的图案像是在排演戏剧。本来，这被雨浸透、黑漆漆的落叶粘在地上，给人的感觉是不太舒服的，但诗人这么一写，这些叶子仿佛动了起来，也变得可爱了，那讨厌的黑色在这灰蒙蒙的背景中也忽然显得亮起来。第二块，是一棵掉光叶子的苹果树，有十二个黄苹果，有颜色、有质地，还有光泽，很有立体感，好像要从我们的拼图里凸出来。最后一块，也是爸爸最喜欢的一块，非常漂亮，有一种神秘的魅力。回忆一下，我们用来形容水珠、露珠的词语，最常用的，比如像珍珠，比如晶莹剔透什么的，都是在形容水珠很亮、很透明对不对？但爸爸觉得它们都没有这么朴实无华的一句'又黑又亮'好。你可以去阳台观察下那里的水珠，仔细看下，看它们是什么样子的。"

女儿跑到阳台看了下，回来有些犹豫，看来观察的情况和她的想象不太一样。我问她，那些水珠像不像珍珠？她想说像，但话刚到嘴边，就忍住了，吞吞吐吐地说，那些水珠好像也不全是亮着的，但也没有那种黑的感觉。

我想了下，说："那是因为光线的缘故，当我们说那些水珠像珍珠的时候，光线一定很强烈，强烈到我们除了它表面的光泽看不到里面有什么。而又黑又亮，可能是光线并不太强，就像这首诗里写到的，阴天，而且地方还是一个幽谷，本来很暗，有一抹光，洒在水珠上，除了光泽，我们还看到了它的内里，那整个幽谷的倒影。这样写出来就更有层次感，也更逼真。另外，还可以这样来理解，诗人把水珠比作水晶，而且是刚刚凝结成的。水晶是在很深很深的地下天然形成的，我们就像是到深深的矿洞里面探险，头上的顶灯一亮，在一瞬间照亮了洞壁上的一块水晶矿，就是那种感觉。

"现在，我们的拼图已经全部拼上了。这些拼图实际上都是一些细节，这些细节构成了一幅生动的画面，没有细节，这首诗就会索然无味。所以在写作中，细节非常重要，就像是拼图游戏，少一块，完不成画面，多了，画面就会重叠、杂乱。爸爸问你，细节从哪里来呢？"

女儿想了下，有点犹豫地问我："是不是观察？"

我说是，但又不是。观察确实是细节的来源，观察得越仔细、认真，一丝不苟，那么细节就会越丰富、生动。但是文学上的观察多少和科学上的有一定区别，并不是观察的"精度"越高，比如使用放大镜、显微镜就能写好细节，而其中的关键，在于运用自己的想象力，赋予细节以生命，这就是"是，但又不是"的意思。

"好了，现在我们把这幅拼图画拿远一点儿，忽略它拼贴的缝隙。我们再来读上一遍。现在注意爸爸朗读时的语气和节奏，你们音乐课讲过节奏，对不对？"

朗读了一遍，我问女儿，我有没有声音特别高的地方？有没有节奏特别快的地方？女儿回答没有。我问她，通常人们在什么情况下说话的声音会变高，节奏会变快？女儿想了下，说是情绪比较激动、紧张或是特别高兴的时候。我说对，而这里，感觉就像是平常说话，不急也不慢，听下来就像那连绵不绝连阴雨的感觉。这幅拼图画加上刚才提到的声音要素，所有的细节最终构成的，画面表现出来的，实际上是一种氛围，一种连绵不绝又捉摸不定的氛围，好像世界永远都会像现在这样下去，直到永远。

最后，我们又读了一遍。我举了一个例子，比如写一小段话，你早晨七点半起床，七点五十出门，八点到学校。这一段里，把内容贯穿起来的，是做事的先后顺序，也就是时间。这是一种组织方式，而我们读的诗，是另外一种方式，是拼拼图画画的方式，它起作用的，是空间，就好像所有的事儿都是在同一时间内完成的，而我们只是转动了下脑袋，环视了一周。

"或者是把拼图一块块拼起来！"女儿补充，我觉得她表达得更准确，更好。

注：
* 引自 [英] 特德·休斯：《诗的锻造：休斯写作教学手册》，杨铁军译，广西人民出版社，2019年。

风的世界

《风》是人教版小学一年级上中的一篇古诗：

解落三秋叶，能开二月花。
过江千尺浪，入竹万竿斜。

这诗在我看来相当一般，基本上是由各种俗套堆砌出来的，比如"三秋叶、二月花、千尺浪、万竿斜"这一类。后两句有一点画面感，但因为素材的选择比较随意，所以"千尺浪"与"万竿斜"之间没有形成"化学反应"，只是一个工整的对句，艺术效果相当一般——同是咏风，来看看王勃的"日落山水静，为君起松声"，前句，写"动"故作"静"语，廓清天宇，营造氛围；后句，无中生有，却又应运而生，而且还让前句产生了些许震颤的效果，整个画面显得不再凝重、板滞。

讲的过程我没有局限在文本——因为文本实在也没多少值得讲的，受《文学课：如何轻松理解伟大作品》一书的启发，我想就着这篇古诗，给女儿讲讲"风"在文学世界中四处飘忽、千变万化的身姿，以及最重要的，它带给人的感觉。为这个，我还是小小备了下课，在故纸堆里刨寻了两日，也算借机重温了下那些曾带给我美好体验的文学文本。

先从她熟悉的事物出发。我让她扛来《绿野仙踪》和《尼尔斯骑鹅旅行记》，把多萝西被龙卷风吹上天那段以及《尼尔斯骑鹅旅行记》里雁群遭遇风暴的那两段找出来读一读：

> 从远远的北方，传来一阵低沉的、哨音般的风声，亨利叔叔和多萝西看见长长的茅草在风暴来临前像波浪一样翻滚起伏。这时空中又从南面传来一声尖厉的呼啸，他们转眼一看，只见那个方向的茅草也朝这边起伏翻滚。
>
> 亨利叔叔忽地站起身来。
>
> "龙卷风要来了，艾姆，"他大声对妻子说……

和往常一样，我先让她想象当时的情景，我问她亨利叔叔为什么知道这是龙卷风？看她一脸茫然，我又读了遍，故意在"北"和"南"上加了点儿重音，她恍然大悟，说："哦，两个相反的方向都有风，只可能是龙卷风！"接着读到多萝西和托托在房子里的情况，我捎带给她说了说什么是"风暴眼"。

> 下面的大海上浮冰在相互冲撞，发出强烈的轰鸣声。海豹吼叫出他们狂野的捕猎之歌。那就好像天和地正要撞在一起了。

相比较，《尼尔斯骑鹅旅行记》里这段关于风暴的描写更精彩，它像凶恶的狼群驱赶羊群一样，把大海和陆地驱赶得慌不择路，撞到了天上。

文字略抽象，加上女儿从小到大，也没实际经历过大的风暴，所以我拿出《达·芬奇笔记》，里面有达·芬奇手绘的风暴素描，借着笔记里的文字描述，我们从这幅素描里找出"几乎被狂风掠走"的树，紧紧贴附地面被"凌乱的衣服缠绕包围"的人，"惊涛骇浪之间旋动的飞沫"以及"冲向山巅，如波浪拍打礁石的乌云"。

女儿在被震慑之余，问我："爸爸，你见过这么大的风吗？"我说没有，这是"过江千尺浪"一类的飓风，爸爸没见过，但我见过另一种——这时，我准备的另外一些材料开始派上用场。

我说爸爸见过北方的风，在爸爸的老家，这种冬天的风被称作"白毛风"——为什么叫这个名字？因为它总是裹挟着雪和小冰晶，刮起来像是长满了白毛的怪兽。我这样给她解释，并告诉她，这风没有前面说的风暴那么暴戾，但非常寒冷，刮在脸上，像用没涂剃须膏的剃刀刮脸的感觉一样，干、冷、疼（一边说我一边用手指假装刮她的脸）。也有不少诗写过这种北方的风暴，比如这句"北风卷地白草折，胡天八月即飞雪。忽如一夜春风来，千树万树梨花开"（岑参《白雪歌送武判官归京》）。你想象下风暴"卷"地的感觉——就像我们家洗衣机搅衣服，它把大地都

"卷"起来了，该有多大！所有的草，一下就被吹折了——女儿问我白草是什么。按照注家的说法，白草应该是特指一种牧草，这我没见过。我见过的，是冬季草原上残留的草茎披着霜，远看白茫茫的一片，像是白色的草原。我问女儿，在这么肃杀的风景之外，他突然写了"忽如一夜春风来，千树万树梨花开"，这冰天雪地是不是就不那么恐怖了？变成了《冰雪奇缘》里艾莎的城堡一般美丽的存在。

冬天之后是春天，"能开二月花"说的是春风，春风给人的感觉最舒服，比如这个"有风自南，翼彼新苗"（陶渊明《时运》），一个人在春天换下了厚重的冬服，穿上春装，到郊外散步，远山间的雾气不见了，山好像被洗过一样清晰，天上微微有一小点云，而春风就像一只巨大到覆盖天宇的鸟，用它透明的大翅膀，轻抚嫩绿的禾苗——你能想象羽毛般轻柔的风吗？女儿说可以。我们停顿了一小会儿，继续。再看这个：

致解冻的风 [1]

[美] 弗罗斯特

随雨来吧，哦，喧闹的西南风！
请带来歌手，带来筑巢者。
给掩埋的花儿一个梦。
使冻住的雪堆冒气。

从白色下找出棕色。
但不管今晚你干什么，
请洗洗我的窗户，让它流动，
让它像冰那样融化。
把玻璃融化留下窗棂
如隐士的十字架。

（杨铁军 译）

　　我问了女儿歌手是谁？女儿说是鸟，我点点头。又问她雪堆为什么冒气？她说是因为雪融化了。白色下的棕色又是什么？她告诉我是土地。我问她能想象到一种暖和到可以融化窗玻璃的风吗？她笑起来，想了一会儿说："像糖一样融化！"我说对，春风柔和又温暖，有时靠我们的感觉器官捕捉不到，比如这种"风乍起，吹皱一池春水"（冯延巳《谒金门》），得借助水面上细微的涟漪来感知——女儿问我涟漪是什么。我解释了下，同时蜷了下手，让她看背面的皱纹，告诉她那些涟漪就像这些皱纹般细微不易察觉。

　　与春相对的是秋天，秋天的风一般是萧瑟的，因为它总伴随着草木的枯萎，所以才说"解落三秋叶"。当然有写得更漂亮的，比如这句"袅袅兮秋风，洞庭波兮木叶下"（屈原《九歌·湘夫人》），秋风吹起，洞庭湖波涛汹涌，边上的树上落叶纷纷——你可以想象下滇池，同时还要注意大片大片的蓝色和纷纷落叶的金黄，可以想象到吗？我问女儿。因为草木的枯萎，让人联想到生命的消逝，让人变得敏感、脆弱。我说，我们来读读这段：

秋日（节选）²

［奥］里尔克

主啊，是时候了。夏日曾经很盛大。
把你的阴影落在日晷上，
让秋风刮过田野。

让最后的果实长得丰满，
再给它们两天南方的气候，
迫使它们成熟，
把最后的甘甜酿入浓酒。

（冯至 译）

是不是秋风让他感到特别孤独？好像秋风是一根大指针，在给整个世界倒计时一样。

下面我们来看看"入竹万竿斜"。通常，站在那儿不能移动的植物总是充当人们观察风的标志物。除了竹子，还有这么一首：

奥丽特³

［美］希尔达·杜利特尔

翻腾吧，大海——

翻腾起你尖尖的松针，

把你巨大的松针，

倾泻在我们的岩石上，

把你的绿扔在我们身上，

用你池水似的杉覆盖我们。

（裘小龙 译）

我问女儿作者写的是什么，女儿想了下，问我："是松树吗？"
我说是啊，是很多松树在风里像大海一样摇晃，看来风还不小，
它们的绿色都快要被摇晃下来了。这个诗的名字传说是一位森林
女神，在西方，风也有自己的神，而且还不止一个，有好几个，
一个方向一个神，他们鼓起腮帮子吹气（我故意朝女儿脸上吹了
口气）时就刮风——女儿一边躲闪，一边笑着说"真的假的？"，
我说当然是真的。"你看，"我翻出《艺术的故事》里波提切利
的画，指给她看正在吹气的风神——"他们看着好傻噢"。女儿
咯咯笑起来。"嗯，我觉得也是。不过，还有种传说，风是放在
大口袋里的，放出来就刮风。"我顺着给她讲了段《奥德赛》里
风神艾俄洛斯借给奥德修斯大风口袋的故事。她听完后，忽然想
起来《西游记》里的风婆婆也是拿个大口袋——看来东西方对风
的朴素想象还挺一致的。

最后，我和她一起读了下里尔克的《预感》。

预感 [4]

［奥］里尔克

我如一面被远方包围的旗。
我预感到来临的风，我必须将之生活，
而此时下面的事物依然不曾活动：
门依然温柔闭锁，烟囱一片静寂；
窗依然不曾颤抖，尘埃依然沉重。

此时我已知晓风暴，我激动如海。
我展开自己，我落入自己，
我掷出自己，我全然孤独
在这大风暴里。

（陈宁 译）

　　我先让她想象自己是一面旗——和她们学校操场上那面一
样。然后想着怎么在风里展开自己、落入自己、掷出自己——我
故意告诉她不能用手哦，旗子是没有手的，这让她觉得很好玩。
然后我们再一起来想，为什么要写那些一动不动的安静的东西，
烟囱、窗、门、尘埃——是不是风暴还没有来，至少没有刮到地
面上来，对不对？她说是。我告诉她，这里，风暴是一种想象，
是这位诗人自己在头脑里构造出了一场实际未发生的大风暴。

"那他一定要有一个足够大的皮袋。"女儿说——我想也是的。

注：

1. 引自［美］弗罗斯特：《林间空地》，杨铁军译，上海文艺出版社，2015年。

2. 引自［德］歌德、［德］海涅、［奥］里尔克等：《冯至译文全集》，冯至译，上海人民出版社，世纪文景出品，2020年。

3. 引自［英］彼得·琼斯：《意象派诗选》，裘小龙译，重庆大学出版社，2015年。

4. 引自［奥］里尔克：《里尔克诗全集》，陈宁译，商务印书馆，2016年。

《咏鹅》与《江南》

咏鹅

［唐］骆宾王

鹅鹅鹅，
曲项向天歌。
白毛浮绿水，
红掌拨清波。

江南

汉乐府

江南可采莲，莲叶何田田。
鱼戏莲叶间。
鱼戏莲叶东，鱼戏莲叶西，鱼戏莲叶南，鱼戏莲叶北。

相比古诗词，我其实更愿意给女儿讲现代作品。胡适之先生云，"今日之中国，当造今日之文学"，这倒不是因为文学的"进化论"，而是一个文学生命力的问题。如果一文学形式，它赖以生存的语言环境、世界背景已不复存在，那么它的生命力就会削弱，乃至枯竭。现在很多家长会让小朋友们背古诗，小朋友们摇头晃脑的样子很可爱，稚嫩的声音也很好听——但恕我直言，这行为除了增强孩子的语感外，别无他用。

我一直觉得，给孩子讲中国古典文学很难，语言隔阂只是其次，更重要的是曾经承载古典文学的世界已经消亡：我女儿和儿子都很喜欢《送别》，每次车上放到这首歌，他们都会跟着唱。我女儿还让我讲讲这首词。"送别"这一行为很容易理解，情感也能引发共鸣，但要把这些讲清楚，我得先给她解释什么是古道，长亭又是怎么一回事，送别为什么要吹笛子等。这就好比要看戏，不是买票进去就完事了，还得先搭戏台，这工程量，说实话，挺不小的。

现在社会上很多人提倡"传承中华文明"，而一说"传承"，最先想到的就是孩子。女儿入学至今，学校已经发放了三次国学讲座培训的通知，我看了看宣传册，都选择放弃——从群里发回的照片看，没去是明智的。有一个讲座，开给孩子的书单里居然有《太上感应篇》和《黄帝内经》，真是让我大跌眼镜。我个人很喜欢中国古典文学，尤其是旧诗词，但我觉得这一文学形式随着时间流逝，已经有些"矿化"，接近它，得付出更大的努力，而要让它绽放出绚烂的光与热，再次赋予它们生命，需要更高的"燃点"。这艰苦的工作应该是有志于此的成年人的责任，而非年幼孩子的重担。

扯了这么多，我之所以选择课本上这两篇，是因为不喜欢课本上选的现代诗——我有时觉得，就把胡适之、刘半农、康白情他们在新诗草创时写的那些试验作品选进来教孩子，都比这强一些。这些先行者文笔虽稚嫩、粗糙，但至少情感是真挚的，表现手段是鲜活的。

相比而言，课本里古典文学的质量要好得多，而《咏鹅》和《江南》又是我个人比较喜欢的、那种在古典诗歌里少有的不需要"搭戏台"就可以直接呈现给孩子们阅读和理解的作品。

钟嵘在《诗品》里讲"即目直寻"，强调诗歌情感与表现手段的直接性，而这两首小诗都可谓这种方式的直接体现。先说《咏鹅》，在讲这首诗时，我让女儿尝试着去"看"那只鹅。我问她，诗里提到了多少种颜色？各种颜色对应的事物又是什么？我让女儿尝试着用她头脑里的小蜡笔，先"画"出一只鹅（白毛浮绿水），然后再让它"动起来"（红掌拨清波）。然后，我问她作者是如何与鹅发生关系的——是听、是看，还是去想象？通过我们一起梳理，我们发现，他是先听到了鹅的叫声，循声走近，看到一只白鹅"曲项向天歌"，进而看得更仔细些，看到了"白毛浮绿水，红掌拨清波"。到这里，我问女儿，这只鹅是不是渐渐地变得有立体感，更有生命的特征了？女儿想了想，说是的。过了一会儿，她像发现新世界一般告诉我，"爸爸！开头三个鹅字一定是在模仿鹅的叫声！"——我家小区外的一家花店放养着一只白鹅，每次路过，它都会梗着脖子怪叫，那叫声有些像"鹅"。说不定，"鹅"字的发音就是这么来的。

《江南》也好，废名先生的说法是"这首古歌辞的古新鲜，一种质直的别致"（废名《新诗讲稿》）。"古新鲜"，自然是那在莲叶间四处游弋的鱼。是一尾，还是一群，诗里没说。我让女儿把两种情形都想象下，女儿觉得应该是一群，这样鱼儿们才能一起玩"游戏"。我说一尾也可以啊，它可以自己和自己玩，或是和荷花、采莲的人一起玩。她笑起来，说那不好玩——我问为什么。她说荷花不会动，采莲的人又不会像鱼那样游泳。我点点头，觉得她回答得不错。

接下来，我和她一起来看鱼是如何游动的。按照诗句的顺序，我们发现鱼并不像我们通常想象的那样环绕着荷叶来游动，而是呈十字交叉状游动：先是游到东，然后直线到西，接着突然到了南，又直线游到北。女儿问我为什么。我想了想，有三种可能。一是中国人习惯对偶，东是一定要对西的，南是一定要对北的，这歌辞在加工过程中，不自觉地就变成了这个样子。还有一种可能，就是鱼为什么不能这样游啊，这样随意游动才是鱼的天性，鱼又不懂得东南西北。最后，是我们要注意那个始终"静止"的、观看鱼的采莲人，她忙着采莲，可能只是不经意才注意到鱼在动，所以，她在东边采莲时鱼在东边，西边采莲时，鱼就在西边了。

女儿的选择是第二种可能，她觉得鱼应该是那个样子。最后，我顺便给她讲了讲《敕勒川》，告诉她这是北方景象，让她试着体会和比较"天似穹庐，笼盖四野"的粗犷辽阔与"莲叶何田田，鱼戏莲叶间"的温润细致的不同。

《咏鹅》与《江南》

插画 / 王之月

另一首《江南》

江南 *
康白情

一

只是雪不大了，
颜色还染得鲜艳。
赭白的山，
油碧的水，
佛头青的胡豆。
橘儿担着；
驴儿赶着；
蓝袄儿穿着；
板桥儿给他们过着。

二

赤的是枫叶，
黄的是茨叶，
白成一片的是落叶。
坡下一个绿衣绿帽的邮差

撑着一把绿伞——走着。
坡上踞着一个老婆子，
围着一块蓝围腰，
哼哼的吹得柴响。

三

柳桩上拴着两条大水牛。
茅屋都铺得不现草色了。
一个很轻巧的老姑娘
端着一个撮箕，
蒙着一张花帕子。
背后十来只小鹅
都张着些红嘴，
跟着她，叫着。
颜色还染得鲜艳，
只是雪不大了。

1920 年 2 月 4 日，在津浦铁路车上

据说，贫困中的陀思妥耶夫斯基连大街上偶尔飘过的纸片也不放过，以之缓解自己的阅读饥渴——这种感觉，在我十四五岁时最强烈。那时，我可以拥有书的唯一途径是某次考试成绩优秀，家里买一本以资鼓励。但一年到头，期中期末，即便做到最好，充其量也只有四本。于是，我借遍了亲戚、老师、同学家里的藏书。

有一次，我去某同学家看甲 A 联赛——当时，电视属管制物品，各家都会严防孩子看电视，唯独他家，因为他父亲是球迷，而母亲工作又忙，周末不休息，无暇管他，所以一到周末，我们几个就舰着脸去他家蹭球看。那天，我去侧房搬板凳，意外地看到一本蒙着尘的书，翻起来一看，是一本《康白情新诗全编》。我提出和他借阅，他满不在乎地答应，似乎多说一个字，都会错过左右比赛的一个细节。后来，他没索还，我也就故意遗忘，这本书物得其主，成了我的。

这诗集与当时我读过的外国朦胧诗选、唐诗宋词一比较，就显得非常稚嫩，简直可称为新人的习作。印象好些的就是这首《江南》和《和平的春里》，而后者，如今读来，也几乎立不住了。

前几天，读废名、朱英诞先生的《新诗讲稿》，里面有专章讲康白情。废名先生眼光、品味、见识俱属一流，他选《自得》我很佩服，这首我几乎没印象，但读一读，真不错，尤其是那一句"忽然飞来一只白鹭夹了一尾去了"，一个潇洒利落的"夹"字，显现出了诗人的功力。废名先生用"总之这种诗的作者的天才都是音乐的，唯其是音乐的，写出来的东西才是颜色的交响"来论述《江南》和《自得》。我很服气，这种见识比胡适之先生较为平实的评价"《江南》的长处在于颜色的表现，在于自由地实写外界的景色"，要更具诗人独到的审美眼光。

拉拉杂杂说了一堆，无非是回忆作祟。那天读后，我就想给女儿讲这首诗。我觉得这首诗很适合讲给小朋友，一是它很简单，没什么复杂内涵和思想，单纯的美好；二是它本质上是一首童话诗，明快、鲜亮，读来朗朗上口。

在给女儿读第一遍后，我特别让她注意背景里那场不大的雪。女儿喜欢画画，我就用画画来打比方，我告诉她这场雪就像是画画用的那张白纸，如果没有这普通的一张白纸，随便在什么地方画，那么色彩的效果就会打折扣，甚至没感觉。这场不大的雪就像是在大地上铺下一张薄薄的纸，现在，整个世界被"重置"了，"白茫茫一片天地真干净"，一切都被藏起来，在纸下蠢蠢欲动，等着诗人捉迷藏一样，把它们揪出来。

然后，我们又读了一遍，开始逐一数出诗中的颜色，这里面有直接写明的，比如"赭白的山，油碧的水，赤的是枫叶，黄的是茨叶"等，也有些是含着颜色，但不说破的，比如橘儿之黄、驴儿之青（或褐或棕，都很协调）。我们一起想象着，把这些色彩填进去，完成一幅画。我问女儿最喜欢哪种颜色、哪个场景。她想了一会儿，说是"柳桩上拴着两条大水牛"，因为水牛很大，在雪地上很显眼——这答案我挺意外的，我原以为她会喜欢那些张着红嘴的十来只小鹅。

然后，我又问她，如果把这首诗想象成一幅画，你觉得这幅画是用什么画的，彩铅、油画棒，还是水粉颜料？她很快回答我，是水粉颜料，因为有雪，雪很湿——她回答得很好，她理解了诗里各种颜色在雪中彼此渲染、融会的感觉。最后,我又读了一遍,这次,我特别强调了附在诗尾的"津浦铁路车上",让她想象在火车上看窗外风景的感觉。她坐过火车,马上就明白了,哦,原来这幅画并不是静止的,而是像车窗外的风景一样,是流动的——我觉得这也正是废名先生强调本诗并非简单的颜色的选择,而是音乐性的"颜色的交响"之现实依因。

　　读完我和女儿都有些意犹未尽,她说要自己画一幅想象中的《江南》——我忽然想起吴冠中先生笔下的江南图景,于是从电脑上搜了一下,和女儿一起看——真有几幅,和这首诗的意境彼此契合。

注:
* 引自康白情:《康白情新诗全编》,花城出版社,1990年。

金子美铃笔下的雪

　　我父亲过来和我们过年，有大半个月都在云南四处转悠，加上有"陪爷爷玩"这样的好借口，女儿撒丫子玩了一整个春节。眼瞅着她就要忘记学习为何物，我决定今天把她提溜到办公室做作业，让她收收心，回归常态。

　　中午她磨蹭着不肯午睡，我就近拿出金子美铃的诗集＊，和她一起读起来。这次出游，大理苍山山顶明晃晃的积雪，丽江被夕阳映照的玉龙雪山给她留下了强烈的印象，她画了好几幅和雪山有关的画。加上她爷爷有事没事就给她翻看手机里老家下雪的照片和视频，"雪"俨然成了小姑娘这个新年的关键词了。所以，我很应景地选了三首跟雪有关的诗和她一起读。

　　第一首是《致雪》：

落在海里的雪变成海
落在街上的雪变成泥
落在山上的雪还是雪

还有尚未落下的雪

你喜欢哪一种？

（田原 译）

这首诗很体现金子美铃的特点，读来像童谣，平易、浅显、自然，字面上没有让人特别费解的地方，但它并非简单、幼稚，在平易与浅显背后，有着异于常人的敏锐观察力和感受力。读完，我就着诗的最后一行问女儿："你喜欢哪一种？"女儿想想说，她喜欢落在山上的雪，因为它还是雪。她反问我喜欢哪一种，我说我喜欢尚未落下的雪。

她问为什么。我想了想，问她："还记不记得安徒生那篇关于豌豆的童话？在那个童话里，一个豆荚里的豌豆被分别'送'到了不同的地方，有被吃掉的，有腐烂的，还有的落在不适宜豌豆生长的缝隙里。豌豆没法选择自己究竟落到什么地方，雪也是，它也没法选择自己落在海里、街上还是山顶。这种随机性放在人身上叫'命运'。比如，你成为爸爸和妈妈的宝宝，而不是其他人的，就不是你自己选择的结果。所谓'命运'决定了一些东西，就像这些雪，或消失成为海水，或被践踏成泥，或保持住雪的本色。很多时候，这些并不完全由自己决定，而且每一种结果，想来都会有一些缺憾，所以'尚未落下的雪'就特别美好，它有无数的可能性。"女儿愣了下，很快回过神儿来说："我也喜欢尚未落下的雪！"

第二首是《积雪》：

上面的雪

很冷吧

冷冷的月亮照着它

下面的雪

很重吧

好几百人踩着它

中间的雪

很孤单吧

看不见天也看不见地

（田原译）

女儿平生只见过一次雪，昆明那年那场雪着实不小，还冻炸了我家太阳能热水器的水管。不过南方的雪来得快消融得也快，积雪难得一见，而这种"分层"的积雪就更是远远超出女儿的经验范畴。对于这个小吃货，用食物来举例子通常能起到事半功倍的效果，所以，我让她想象分层的蛋糕：

"明白了吗？这些积雪就像蛋糕，我们现在切开它，露出了一个截面，上层、中层和下层。蛋糕的每一层味道都不一样，对不对？上层可能是奶油，中层可能有果酱什么的，这块'积雪蛋糕'也分了层，只不过区别它们的不是味道和馅料，而是感觉，是观看积雪的人去想象和体验上、中、下层积雪的处境时的感觉。"

"爸爸，我觉得这些雪就像纪录片里的帝企鹅，它们挤成一圈。外面的帝企鹅很冷，里面的很暖，但也被挤得够呛，中间的真的是什么也看不见！"

我笑了，她理解得更形象，比"积雪蛋糕"要更准确。我提醒她注意这里细致的观察，因为通常我们是不会细致到去观察积雪的上、中、下层的，也无法将它们准确地进行区分，在我们眼里，它们统统只是"积雪"而已。而这种观察力，就是写好一首诗或一篇文章的基本功。除了观察，还有"共情"。通常，我们在写某事某物的时候，一般是把它们最鲜明的特点、最吸引人注意力的地方表现出来。比如，关于雪，我们的老祖宗写过不少漂亮的诗句，南朝的谢灵运有诗句"明月照积雪"，写得空灵通透，月光与积雪彼此辉映，天地仿佛一色。但是似乎很少有人会去关注作为"模特"的雪的处境，去为它们着想。它们落下、堆积，然后融化，好像本来就应该是这样的。而金子美铃不同，她很关心这些雪的处境，为它们每一分子的每一处境而担心、忧虑，对每一种处境都给予了深深的同情，这是一种美好的品质，是人性中质朴的善良。

第三首是《夜雪》：

鹅毛大雪、小雪

飘雪的大街上

走着一位盲人

和一位小孩

明亮的窗口

钢琴在歌唱

盲人在听

停下拐杖

鹅毛大雪

落在他的手上

孩子在看

明亮的窗

鹅毛大雪

装点着她的娃娃头

钢琴在歌唱

真诚地

为他们俩

唱着春天的歌

鹅毛大雪、小雪

飘飘洒洒

在两个人的头上飞舞

温暖又美丽

（田原译）

这首也很简单，我让女儿自己读了一遍，然后问她，这首诗里，雪是寒冷的，还是温暖的？女儿不假思索，很快回答"冷的"。我请她再读一遍，读完了，我问同样的问题。她犹豫了，说："是……温暖的？"我问她为什么，她说因为里面写着"温暖又美丽"。我又请她读了一遍，继续问同样的问题，并强调，要她自己动动脑筋。这次，她读完后小眼睛开始滴溜溜地转，好一会儿，才回答我说"是温暖的，因为钢琴唱的是春天的歌"。我点点头，为她的回答竖起了大拇指，这的确是其中最重要的原因。

我提醒她，在文字世界里，所有的感觉都是非常具体的，很多甚至是和我们现实世界相悖的。比如在这首诗里，雪传递给人的感觉就不是冷，而是暖——所以，一定要仔细阅读、认真琢磨之后再进行判断。"再想想，在这首诗里，雪为什么是温暖的？最好是你自己的理解。"我出去遛了一圈，回来后，女儿告诉我，她觉得因为雪花像鹅毛，而鹅毛是暖和的——这是我没想到的，我继续为她竖一个拇指，然后给她说了说我的理解：

"你想，一个寒冷的、下着雪的夜晚，大部分人这时都会选择猫在家里，烤烤火，吃吃火锅什么的。而这两个人，一个盲人，一个孩子，却还在风雪中行走——他们很可能是那种无家可归的人，流浪的人，如果不下雪，他们可能会找一个避风的地方，悄无声息地睡了。但是下雪让这也变得很困难，可能是为了驱寒，他们得不停地走动。这时，他们在一个明亮的窗口前停下了，因为音乐。一段美妙的音乐，让他们暂时忘记了当前的困境，甚至美妙到让人去梦想春天，在那一刻，雪花都不再寒冷，而是'温暖又美丽'的——这首诗可能就是这样一个现实场景的素描，也有可能，我甚至觉得非常有可能，它借这个来比喻人生。我们的人生很多时候就像盲人或一个孩子无助地走在飞雪的寒夜，而那些慰藉、艺术、智慧或爱，会让我们暂时从寒夜里超脱出来，找到光明，感受那'温暖又美丽'的世界。"

注：

* 文中引诗来自［日］金子美铃：《金子美铃全集》，田原译，中信出版社，雅众文化出品，2018年。

晨光接力

早晨的接力 *

[日]谷川俊太郎

堪察加的年轻人
梦见麒麟时
墨西哥的姑娘
在早晨的薄雾里等待着公共汽车
纽约的少女
面泛微笑着翻身时
罗马的少年
向染红朝阳的柱顶使眼色
在这个地球上
早晨总是在某一个地方开始

我们把早晨一棒一棒传下去
从经度到纬度
然后交替着守护地球
在临睡前侧耳听到
闹表在远处响起

那是有人收妥了

你传递的早晨的证据

（田原译）

谷川俊太郎算是当代日本乃至国际上的大诗人了，而且，他可能也是最具童心的诗人：除了诗集，他还创作了大量的绘本、童谣，还给大家耳熟能详的许多动画片主题曲写过歌词——直到某天阅读一篇简介，我才发现自己接触谷川俊太郎远比意识到的早。它并非开始于某本诗歌选集，或当年购置的《谷川俊太郎诗选》，它甚至追溯到了记忆已模糊如黑白电视机噪点般的童年——当时，我们喜爱的动画片《铁臂阿童木》的主题曲，词作者就是谷川俊太郎。

最近，我翻出前些年买的《天空》，选了几首讲给女儿。而这首《早晨的接力》是我比较喜欢的，也比较适合讲给小朋友：首先，整首诗朝气蓬勃，闪烁着晨光的亮色，读一读，就有一种早起晨练，喝罢早茶的元气满满和精神振奋。其次，它相当"现代"，和连篇累牍、积案盈箱从古代神话、传说汲取灵感的诗篇不同，它的诗意来源相当"科学化"，乃地球自转的科学常识——和很多刻意将科学与艺术对立起来的认识不同，我觉得科学和艺术在思维和创造层面具有更多相似乃至相通的地方。比如，最杰出的艺术品和科学理论都具有简洁和神秘的美感。

特别是神秘，杰出艺术品和科学理论都有一种即便我们似乎已经洞悉其原理依然为之流连忘返的神秘感——在现代，地球自转的知识只能算是科普常识，我女儿都似懂非懂地知道一些，但这并不削弱这首诗的魅力。当然，为了给她讲清楚，我还是下载了谷歌地球，结合科普书，给她简单讲了下地球自转，因地球自转而产生的昼夜交替、时区变化、经纬度这些知识。

"所以你看，从地球的范围来看，早晨并不是同时降临在世界各地的，而是随着地球转动，渐次来临。我们中国古人说'海上生明月，天涯共此时'——这诗你还记得吧？其实并不是这样的，我们这边在欣赏明月，而地球的另一端却正是烈日当空。他们这样写，是因为他们生活的世界还没有今天这么辽阔。他们可不知道堪察加，更不知道墨西哥。来，我们一起在地球上找一找它们的位置。"

我和女儿在虚拟的 3D 地球上分别找出堪察加、墨西哥、纽约和罗马的位置。从位置上来看，它们位于不同的经度线上，时区不同，所以早晨来临的时间也会不一样，因此诗人才会说"早晨总是在某一个地方开始"。这里，我还特意啰唆了下，讲了讲纽约和罗马两座城市。它们分别是现代和古代世界都市的代表，在这里，诗人使用这两个地方可能不是随意为之，它们的出现，让"晨光接力"并不局限于空间范畴，而有了时间的纵深感。好像这晨光不是天然的，而是像火炬一样，经由一代代、世界各地的人不断"接力"而传递下来的。

"这些'晨光传递者'有点像《复仇者联盟》里的人类英雄，对自己传递晨光的职责有一种使命感，并用这种方式来守护地球——这么说不夸张吧？你想想看，要是这世界上没了早晨，没有那单纯却历久弥新的晨光，这世界的美好可就大打折扣了——想象下没有早晨的一天：你一醒来，就已经是中午了，天气热到让你淌汗，蝉在不停地吵，狗趴在阴凉里不断吐舌头，树叶和花朵都蔫了，到处是明晃晃的光、缓缓降下的尘土，你有乏力和渴的感觉……是不是根本不想起来，只想打两个哈欠继续睡觉？"

女儿点点头，看来她也非常不喜欢这没有早晨的日子。

"所以，这些'晨光传递者'相当重要——你想不想成为他们中的一员呢？"

"我？可以吗？"

"当然可以，只要你能够懂得并珍惜这早晨的美好，喜欢早起，不睡懒觉就可以了。"

"这么简单？！"

"对啊，你看，那个纽约的少女只是微笑着翻身，而那个罗马的少年只是对着染红朝阳的柱顶使了个眼色，意思是他和这早晨、晨光心有灵犀——哦，对了，还有一项重要任务，就是你得把接力棒传下去。每天，当你的闹铃响起来的时候，就是别的地方的人把接力棒传给了你，你享受完这美好的早晨之后，得找时间想办法把它传出去。"

"那我每天早晨起来，穿好衣服，洗漱，吃过早点，然后到学校，在学校找个没人的地方，对着天空举起手，是不是就可以把接力棒传出去？"

"嗯，我想是可以的。"

就这样，我们读完了这首诗，女儿也该上床睡觉了。

今天一早，当她在小闹铃声里醒来，迷迷糊糊的时候，对我说了一句：

"爸爸，我接到棒了！"

注：

*引自〔日〕谷川俊太郎：《天空》，田原译，北京大学出版社，2012年。

一次热带之旅与热带诗歌

从那里开始一直延伸到太平洋海岸的热带森林*

[法]亨利·米肖

周日，8月5日从萨罗亚出发

"这里的树不管大地，

必须从里面出来，要快，

要向上发展，因为这里窒息，

它就向上走。

没有树枝，没有花，没有嫩枝，只有直接的树干

假如来了一条树枝，它粘在树干上。

与它一样像箭向上。

所以它向上。

美洲狮、黑狐猴向上，爱神木树向上，金鸡纳树

　　带着它的奎宁向上。

香树带着它的香，龙血树带着它的血

惜比古树到达上空时全是白色，它们在向上

当它们不行的时候，

到达了高度的极限时，

当它们终于放弃，开始以叶子的形式伸展时，

它们都几乎是在同一高度，
森林显得那么统一。"

就像在百米赛跑中，突然所有的运动员一起起跑，大家
　　都只有一个念头，比其他人更早到达，于是有先到的，
　　伟大的冠军，伟大的接受鼓掌的人，世界纪录的保持者，
　　真是了不起，然而你睁大眼睛，你彻底惊讶。怎么可能？
　　怎么可能？在四分之一秒时间内，他们都一起跑到了
　　终点[1]。

（董强 译）

　　刚一放假，女儿就开始惦记她的假期旅行。每天，当我中午
回家送她去学画画，她都假装若无其事地问我："爸爸，还要画
几天画呀？"——醉翁之意不在酒，我也就故意逗她，说还要很
多很多天，久到根本望不到边。

　　终于扳着指头挨到绘画课结束，我也就兑现承诺，一家人
外出旅行，目的地西双版纳。从北回归线标志园、野象谷、热
带植物园一路走来，热带的感觉就像澜沧江里的河水，看着波
澜不惊，暗里却汹涌澎湃。除了几乎凝滞成果冻体的炎热，随
时随地都炸裂般涌现的光线，漫无边际的热带雨林和缤纷多样、
奇异的热带动植物，毫无疑问是这里最具特点，也最让小朋友

---

[1] 甚至连蕨类也知道必须改变自己的性格，改变四散、招摇的习性。它也向上竖立，闭紧自己。

们感兴趣的所在。

回到昆明，小朋友意犹未尽，每天我下班回来，都会和我说些和这次旅行有关的话题，比如王莲的叶子为什么会卷起来啊，野象为什么会去洗澡之类。我也就很应景地找了些和热带有关的诗、文来和她一起读。

我的首选是聂鲁达《漫歌》中的一些段落，在那些诗行里，热带景象被伟大诗人的想象力棱镜折射出绚烂的光，几乎让人目不暇接，读起来甚至会让人有喘不过气来的感觉。不过，它的篇幅实在有些大，不太适合逐行讲给小朋友，我给女儿读了几节，让她感受了下，接着就找出亨利·米肖的这首诗来讲给她。亨利·米肖这位诗人国内译介得不多，诗集好像只出了一本《厄瓜多尔》。这书挺有意思，用诗来写游记，而且写得洋洋洒洒，丝毫没有被束缚的感觉，比散文还放松、自由。

这首正好和热带雨林有关，我觉得诗人观看雨林的方式很有意思，他从两个角度来看，一是雨林的高——这点，在我们参观热带植物园里高耸入云的望天树、棕榈科植物时深有体会。当然，这种高不是简单、刻板测量数据意义上的高，而是一种进行时态的、向上不断攀升的感觉和体验。

"你看，开头他就写'这里的树不管大地'，好像这些树为了长高，已经完全抛弃了自己的根。就像一个人为了不断长高，都不要自己的脚了一样，还像脱了手的气球，向上飞升——对了，你还记得为什么热带雨林的植物要拼命往高长吗？"

"因为阳光啊，因为它们要争夺阳光。"

"很对，因为热带雨林植物太多了，竞争太激烈了，所以一颗种子从发芽开始，就要赶快往高了长，否则它就会因为缺少阳光而死掉。而诗人把这种感觉形容为'窒息'，想象下我们走在野象谷的栈道，热带雨林里那种浓厚气息弥漫在四周……理解了吗？"

得到女儿肯定的回答后，我们继续随着那些树长高——"现在它们不再是一个笼统的、概念性的雨林，而是更为具体，出现了不同类别的植物。龙血树你一定还有印象，我们这次见过，还读了它的科普小名牌。而依托森林生活的热带雨林动物，美洲狮、黑狐猴也在向上，似乎也随着森林在向上生长着——可以说，在这里，整个世界都是在向上、向着更高的地方不断生长着。这里面可能有一点儿寓意在里面：你知道万有引力，而我们有生命的事物，其生命活动除了要顺应地心引力，也要不断与之抗争。比如一只蝴蝶、一只鸟，如果严格按照地心引力原则，那么它们应该匍匐在地板上，与大地严丝合缝地结合在一起，就像是那些石头，而不应该是飞翔着，这飞翔正是它们生命力量的体现。这些树不会飞，但是它们的不断长高，有飞的意思，诗人说的是'像箭向上'，这也是这些热带雨林植物旺盛生命力量的展现——有一位思想家（西蒙娜·薇依）说过这么一句话，'屈从重力，是最大的恶'，可以和这个联系起来理解一下。

"当这些树终于抵达了自己的极限，无法再升高哪怕一寸，它们开始长叶子——用这种方式来延伸自己的生命力。就像一个人跑步，终于跑也跑不动时，他停下来大口喘气、休息，而这些叶子就有这种休息与放松的舒展的感觉。想象一下那些棕榈和椰子树的叶子，风一吹过，荡漾着摇摆的样子，是不是很有这种放松与舒缓的感觉？它让之前的窒息感、树木竞相生长的激烈突然缓冲下来，就像一条汹涌暴烈的河流，最终舒缓迁徐地流入了大海。这是这首诗里，爸爸最喜欢的一个细节，特别美。

"接下来一段，爸爸个人觉得有点多余，其实前一段作为一首诗已经比较完整了，但可能是诗人想换个角度来看森林，刚才我们一直在谈论高，现在他关注快。我们知道，热带雨林里的植物不但要长得高，还要长得快。热带植物园里有介绍，有一些植物甚至一年能长三米多。当然，更直观的可能是我们在看科普纪录片时那种倍速播放的镜头，一粒种子，迅速发芽，然后生长，这节诗就像是这种感觉，诗人把森林的生长速度提高了几个倍率。而且，他觉得不过瘾，不刺激，所以用了一个百米冲刺赛跑的比喻，这些树就像运动员，开始冲刺，然后在四分之一秒内一起抵达了终点——爸爸觉得百米运动员都没这么快，这么快可能只有火箭，树木长高，有点像火箭发射。

"这里可能还有一层意思，就是当诗人看到这森林，然后这森林就形成了，至少在我们的眼睛里、脑子里，或者在这首诗里，他创造了一片森林，只用了这片刻的时光——这也是文学艺术神奇的地方，创造世界于一瞬，于一粒沙。"

注：

* 引自〔法〕亨利·米肖：《厄瓜多尔》，董强译，上海人民出版社，2009年版。

第三章

世界在神灵里，
神灵在小小的蜜蜂里

在"该怎么办，如果我引发人们／恐惧，或者只让人憎恶，／只让人同情？"这节时，我问她："是不是苍蝇也无法选择成为苍蝇？它也只是披上了一件苍蝇外套？"女儿想了想，笑出声来说，是的。

两首"圈圈诗"

公园①

［法］雅克·普雷维尔

一千年一万年

也倾诉

不尽

那永恒的一瞬

你吻了我

我吻了你

沐浴冬日的晨曦

在巴黎蒙苏里公园

在巴黎

在地球

在地球这颗星辰

（陈玮译）

蜜蜂与神②

[日]金子美铃

蜜蜂在花朵里
花朵在庭园里
庭园在围墙里
围墙在小城里
小城在日本国
日本国在世界里
世界在神灵里

然后，然后
神灵在小小的蜜蜂里

（田原译）

　　这两首诗之所以放在一起，是因为它们都有一个类似俄罗斯
套娃的结构，由小渐大，层层框套。或者，按照我女儿的说法，
它们是"圈圈诗"——我给她读了一遍，她马上发现了这两首诗
都像是小石子在水面上溅起的涟漪，一圈又一圈地往外扩散。
　　读完后，我提了一个问题，为什么这两首诗都要把一些"小"
的东西"圈"起来，而且不断往外"圈"呢？
　　女儿"呃——"了一声后，开始模仿机器人，发出"嘎吱嘎
吱"的声音——我知道，这表示她的小脑子开始艰难地运转起来。
她"呃"兼"嘎吱"了半天，看起来也还是没有头绪。我觉得得

引导一下她。

"你看，我们通常在什么情况下才说一些很小、很具体的地名呢？比如，我和你说，放学在小树旁边等我；我和你妈妈说，等下在小菜铺那儿见。是不是因为我们都很熟悉和了解这些地方，不需要解释。如果你和你爷爷说小树或小菜铺，他是不是就会搞不清楚？"

"对的对的！而且爷爷也不认识小菜铺的姨妈和大爹，不知道那里都卖什么菜！"

"嗯，所以——和这个类似，我们也不清楚那两个亲吻的人都是谁，是恋人，还是妈妈和宝宝，或者是爸爸和宝宝？还有那只蜜蜂和花朵，它们虽然挺具体的，但对我们来说，很遥远，也很模糊，甚至有点抽象，不太好理解，就像你对爷爷说小菜铺里的姨妈和大爹一样。"

"嘎——吱，嘎——吱——"

"小机器人，你的脑子得上润滑油了，或者得清理下内存了，运行太缓慢了！当你和爷爷说起小菜铺里的姨妈和大爹时，你就得给他们套一个圈圈，比如，我家小区对面的，爷爷是不是就能理解了？"

"是的……"

"套圈圈的作用之一就是'拉近'距离，获得一种共性。比如，你和弟弟是昆明人，妈妈是曲靖人，我是宝昌人，都不一样，对不对？但是，当我把圈圈放大一点，比如云南，你、弟弟和妈妈是不是就在一起了？当我把这个圈圈再放大一些，放大到中国人，我们一家人就都在一个圈里了。这两首圈圈诗，不停地画圈圈，目的之一就是要把我们，包括地球上所有的人，乃至所有生命都圈进来，把大家共性的东西传递起来，形成一股很大的合力。那两个亲吻、互相爱恋的人也就是地球上所有互相亲吻、互相爱恋的人，那只蜜蜂也就是地球上所有的蜜蜂，他们看着只是两个人、一只蜜蜂，实际上代表了我们所有人，地球上所有的生命。明白了吗？"

"哦！"

"套圈圈还有另外一个作用，这有点像用手机照相。你给弟弟照相时是不是发现，当你往后退时，弟弟会变小，周围的环境会变大？"

"是的是的！"

"对了，这也是在套圈圈，或者用摄影的专业名词，叫'拉镜头'，一直往后拉，拉到了地球和世界——我想，他们得退到月球上拍摄才可以。"

"哈哈，他们是嫦娥还是小兔子？"

"这我就不清楚了。反正镜头一再往后退，圈圈越来越大，而两个人和那只蜜蜂也就越来越小了，不过他们好像并没有消失，而是像针尖一样，越来越锐利和闪亮起来，圈圈越大，这对比的效果越明显，反而衬托出爱的伟大、生命的伟大。"

这个解释可能有些抽象，女儿没有完全理解，不过她很喜欢那个退到月球上拍照片的想法。我接着问了她第二个问题："世界在神灵里，那说明神灵更大，为什么第二首诗又说，神灵在小小的蜜蜂里呢？"

"是压缩成一个小球吗？"

"唔——是，压缩成了的小球就是我们的眼睛。"

"啊？"

"你看，这间房子大，还是眼睛大？"

"当然是房子啊！"

"对了，我们的眼睛很小，但是可以把整间房子'装'进来，对不对？不光是房子，院子、楼、外面的花园等，都可以装到我们的眼睛里，对不对？"

"是啊……"

"这就是为什么神灵在小小的蜜蜂里了，世界很大，大到超出我们的想象，可它们是没有生命的。它们必须得通过有生命的事物，去看、去听、去闻、去摸才能被感受到，否则就没有意义，而这，也正是我们生命的意义。"

注：

① 引自普雷维尔：《话语集》，陈玮译，上海人民出版社，2010年版。

② 引自[日]金子美铃：《金子美铃全集》，田原译，中信出版社，雅众文化出品，2018年。

数数亦可为诗

西江月·夜行黄沙道中
［宋］辛弃疾

明月别枝惊鹊，清风半夜鸣蝉。稻花香里说丰年，听取蛙
声一片。
七八个星天外，两三点雨山前。旧时茅店社林边，路转溪
桥忽见。

猎人 *
［西］加西亚·洛尔伽

在松树上，
四只鸽子在空中飞翔。

四只鸽子
在盘旋，在飞翔。
掉下四个影子，
都受了伤。

在松林里，

四只鸽子躺在地上。

（戴望舒 译）

这个假期开始，我有意识地开始让女儿练习自学。以前都是我选好材料讲给她听，现在则是每天由她自己选，使用字典和手机查不认识的字，通顺地读下来，然后我再问她文本的大概意思和一些字词、段落的具体意义，最后，我们两个再来一起讨论。

有一天，她自己选了首辛弃疾的《西江月》，读到"七八个星天外，两三点雨山前"时，我突然想给她讲讲诗歌里数量词的运用。

在中国古典诗词里，因为对仗的需要，数量词的运用很常见，比如"两个黄鹂鸣翠柳，一行白鹭上青天""城阙辅三秦，风烟望五津"等，上述辛弃疾的这句，也有这方面的考虑。不过更有意思的不是这个，而是我们传统文化里看待事物的方式："你看，天上明明不止有七八个星星，即便那天月亮确实很亮，很多暗一些的星星可能都被月亮的光辉给遮蔽起来，但肯定是多过这个数的；而下雨就更不用说了，你见过只下两三点的雨吗？"

得到女儿肯定的回答后，我们继续。"无论是七八个还是两三点，其实都是一种概括性的表达，他想传达给我们的意思是：那天，天上的星星不多，雨也很小。为了让我们能比较直观地感受到，'不多'与'很小'的程度都进行了夸张。这就是我们传统中国人看待事物的方式，特别重视直观，而因为要直观，舍弃了精确性。数数的话嘛，一般控制在你弟弟的认知范畴，也就是十个手指头之内。在爸爸的印象里，中国古诗数数超过十的诗句不多，能当下就想起来的也只有李商隐的'锦瑟无端五十弦，一弦一柱思华年'，这虽然超过了十，但它这五十也是一种概括性的表述，也并不实指，如果真正一个个去数的话，反而会让人瞧不起，说他笨、说他的文章'泥'——也就是陷进泥里去。你想想，一个人写作文，写出来的效果像是在沼泽里跋涉，谁还爱看？

"爸爸给你讲过的老子，他的书开头这样写，'道生一，一生二，二生三，三生万物'，按道理呢，他应该在'二生三'后再写上三生四、四生五、五生六……至少要加个省略号，但是他那么聪明的人可不会费这笨力气，就数一、二、三，一是开始，二是相对的，三就是对立而生的一切，就像是人分男女，男女繁衍后代，人类就一代代延续下去了。所以三就全代表了，不需要再数下去了。这是中国人特别智慧的一点，把有限的资源利用到极限，用最简洁、直观的方式表达复杂、无限的概念。我们老祖宗把这种方式叫'写意'，意思到了就好了，不要抠细节，不要泥。这很了不起，但也让我们付出了精确性不够的代价，而科学，很多时候是需要精确性做支撑的，比如你们科学课里练习过用尺子去量长度，用小天平来称重量，用时钟来记录时间等，这些数据虽然各不相同，但都要求尽量精确，对不对？

　　"除了科学，精确性也带来了不同的艺术效果，精确不一定就泥，比如这首《猎人》。虽然这位诗人也只是数到了四，但这四是实打实的四，就是一、二、三、四一个个数到的四，非常客观。这里不能用大概、约莫、可能这种差不多的表达方式，因为这是一件非常严肃的事儿，涉及生命，所以几就是几，不能马虎，四只鸽子，就是四只。诗人一共数了三次，看着好像是在重复，实际上角度、意思和层次都不一样。第一节，可能是猎人的视角，沿着猎枪的方向，他点数了下猎物，观察了下它们飞翔的高度，准备开枪。第二节，可能是一个旁观者的视角，他本来挺开心、愉悦地看着四只鸽子在天空盘旋，突然听到枪响，四只鸽子都被打了下去。这里表达得很委婉，说掉下去了四个影子，而且影子都受了伤。这么说是因为他不愿意去谈论这么残忍的事情。第三节可能是猎人的视角，但爸爸觉得不太像，因为猎人知道打下来的鸽子在松林里，但他更关心猎物究竟掉在松林里的什么地方。我觉得这个视角可能是提供给我们读者的，让我们再看一看那些已经死掉的鸽子，和前面飞翔的鸽子进行下对比，迫使我们去反思暴力和人性中残忍的东西。这首诗，无论是数数量数到四，还是数的次数数了三次，都是一个都不能多也不能少，这种精确代表着客观和严肃，只有这样这首诗才有力量。

"你看数数也能数出诗来，只是方式和效果各不相同。"

注：

* 引自〔西〕洛尔迦：《洛尔伽的诗》，戴望舒译，花城出版社，2012年版。

苍蝇外套

　　女儿特别害怕小虫子，因为撞到过一只蟑螂，从此一个人晚上不敢去卫生间。遇到蜘蛛什么的，多半是尖叫着钻到我们怀里，缩成一只毛发倒立的刺猬。

　　可越害怕的，也就越吸引人，接她回家的路上，她经常和我谈她在学校和小伙伴们捉到了一只蝴蝶，挖出了一只蜗牛，或是某个调皮的男生又把毛毛虫藏进谁谁谁的文具盒里。昨天，不知怎的，我们聊起了蟑螂，几年前我写过一首关于蟑螂的诗，就翻出来给她读了读。可能因为形象实在不佳，加上行事低调，"小强"在文学作品中的出镜率不算高，我印象比较深刻的也就科塔萨尔一篇哥特味道十足的短篇小说。小说里，主人公心仪的女主是一个真正的"蟑螂控"，用蟑螂调制味道诡异的甜点。

　　与蟑螂同样声名不佳的苍蝇因为行事高调，自带"嗡嗡嗡"的背景音乐而引起了文人墨客们的注目。比如周氏兄弟，鲁迅先生的《战士与苍蝇》，苍蝇还是以其令人憎恶的嘴脸来拉仇恨，而周作人的《苍蝇》就平和冲淡了许多，是一篇夹杂着回忆的名士散谈。阅读前一篇，需要一些人生阅历，讲给小朋友，不太合适，我就寻出《雨天的书》，来给女儿读周作人的这篇。其中那些和苍蝇有关的游戏，现在怕是已经没有小朋友再玩了；古希腊神话我还没开始讲给女儿听，她也比较蒙，倒是其中引的小林一茶的俳句，很值得用来教小朋友：

　　不要打哪，苍蝇搓他的手，搓他的脚呢。

　　读完我提了个问题："苍蝇很惹人讨厌，你一定记得在外公家拿着苍蝇拍到处拍苍蝇的事儿，那么在这里，为什么要说不要打它呢？"女儿斜倚着床坐在地板上，想了好一会儿，说不知道。我说："你看，我们打苍蝇是不是因为它们很讨厌，比如在外公家到处嗡嗡嗡地飞，还东舔舔、西吮吮，特别恶心？"女儿点点头。

　　"另外，你也读过些科普书，知道苍蝇会传播疾病，影响人类的健康。当你拿着苍蝇拍去拍它们的时候，不一定会想起这些，但确实是这些理由支持着你去这样做。"女儿似懂非懂地点点头。

　　"当你去拍苍蝇时，你可能不会去仔细观察它，但像这首诗里，诗人发现它在像我们人一样搓手搓脚——你能想象到那个场景吗？在那一刻，那只苍蝇被赋予了些许人的特点，它像是一个无辜的人，和往常一样做着平常的事儿，却毫无征兆地祸从天降——这首诗，或这个观察，在那一瞬让我们把自己的一小部分，很小很小的一部分，'投射'给了这只苍蝇，明白了点没？""所以拍苍蝇就是拍我们自己？"女儿问，我想想，说有点这意思。

我还找了另外一首关于苍蝇的诗，也是我喜欢的诗人，朱永良的《四月的下午》①：

整个下午没有声音，
远处是盖房子的人们和发了芽的树。
一只苍蝇飞进屋子
使我感到节气的分量。
它在窗子上滑动着位置，
看看外面，
也看看我，
想用嗡嗡声离开这里的寂静
和四月的遭遇。
它停下翅膀，交叉着前面两只脚
碰巧找到了敞开的那扇窗子，
然后，把声音带向了别处。

这又是一首将自己很小很小一部分"转移"给了苍蝇的好例子，不过这首小诗在平静与恬淡之外，还有小提琴曲般的余韵，给人辽远、宽广的时空感：天气转暖、大地回春，人们经过漫长冬季的休憩，现在开始劳作，植物开始萌发……但这些都是静穆的远景，也有可能是诗人自己的想象，近景只是一个跳跃着的"点"，一只可能刚刚苏醒，还未完全舒展自如的苍蝇。在给女儿讲解时，我重点让她注意两个地方：一个是去想象苍蝇如何在窗子上滑动，感受那种轻盈、还有点眩晕感的笨拙。另一个是和小林一茶的俳句进行比较，对比"搓"与"交叉"的异同——前者，有动感，好像停不下来，一直会那样动下去；后者，有一种"定格"形象的美感。

接着苍蝇的话题，我想起了辛波斯卡的《在众生中》[②]：

我就是我。
一个令人不解的偶然，
一如每个偶然。

我原本可能拥有
不同的祖先，
自另一个巢
振翅而出，
或者自另一棵树
脱壳爬行。
…………
（陈黎　张芬龄 译）

顺着一节节诗，我逐节解释给女儿。在"该怎么办，如果我引发人们／恐惧，或者只让人憎恶，／只让人同情？"这节时，我问她："是不是苍蝇也无法选择成为苍蝇？它也只是披上了一件苍蝇外套？"女儿想了想，笑出声来说，是的。"所以，它无法选择是让人恐惧还是憎恶，抑或是同情，这都是一种偶然。虽然我们无法像唐僧那样做到'扫地恐伤蝼蚁命，爱惜飞蛾纱罩灯'，但至少要知道敬畏生命，无论是一只苍蝇，还是那棵无法移动躲避大火的树。唯有如此，才会懂得敬畏和珍惜自己的生命，才会领悟'我就是我'的意义。"

注：
① 引自朱永良：《另一个比喻》，重庆大学出版社，2011年。
② 引自［波］维斯拉瓦·辛波斯卡：《万物静默如谜》，陈黎、张芬龄译，湖南文艺出版社，2016年。

一棵无法移动躲避大火的树

插画 / 王之月

学会说"不"

阳光中的向日葵 *

芒克

你看到了吗

你看到阳光中的那棵向日葵了吗

你看它，它没有低下头

而是把头转向身后

就好像是为了一口咬断

那套在它脖子上的

那牵在太阳手中的绳索

你看到它了吗

你看到那棵昂着头

怒视着太阳的向日葵了吗

它的头几乎已把太阳遮住

它的头即使是在没有太阳的时候

也依然在闪耀着光芒

你看到那棵向日葵了吗

你应该走近它

你走近它便会发现

它脚下的那片泥土

每抓起一把

都一定会攥出血来

于我而言，每天放学接到女儿，一大乐事是悄悄听她跟着车里的音乐无意识地唱歌——可能是被我带偏了，小朋友最喜欢的几首歌分别是马条的《阳光中的向日葵》、姜昕的《彩虹》、苏阳的《官封弼马温》以及郑钧的《热爱》。尤其是马条这首，在车上听不够，回家吃晚饭时还会再向小爱同学点播一遍。

某天，在声震屋宇的摇滚乐声中，我给女儿讲了讲这首芒克的诗。毫无疑问，这首诗具有强烈的时代烙印，"太阳""向日葵"都是那个时代特别典型的意象，而"攥出血来"这样痛彻心扉的体验也一定能唤起那一代人的共鸣——不过，我不准备把这些讲给对此毫无概念的女儿，我想从另外一个角度来诠释这首诗：学会反抗，学会说"不"。

可能是成长环境使然，女儿一直都很听话，很"乖"。从幼儿园起，教过她的老师在和我交流时都把这个"乖"字挂在嘴边——实际上我并不觉得这是一件多好的事情，按照我的个人经验，这里面潜藏着一种按照他人的期待塑造自我的风险，满足别人期待的代价是自我的压抑、丧失，是个性的扭曲、隐匿。即使那种期待是好的，也会让一个人终生生活在被期待的阴影里。遑论他人——"就是爹给的那块糖啊，它压根就不是甜的"（子曰《乖乖的》）。

所以，在讲的过程里，我让女儿来思考太阳和向日葵的关系。女儿读过科普书，知道向日葵会跟着太阳的位置转动花盘，现实中，这是植物的生存智慧。我问她在这首诗里，为什么那株向日葵却选择了"把头转向身后"？女儿跟着音乐哼了几句，问我是不是因为太阳在它头上套了绳索，就像人给马套上缰绳？我想了下，说对。就像人给马套上缰绳，马就会不高兴，所以那株向日葵也很不情愿。

"你还记得大闹天宫的故事吗？玉皇大帝起初很看不起孙悟空，所以封了他一个弼马温的小官，后来，看到孙悟空不好惹，就封了一个'齐天大圣'的虚职，把他诓到天宫看桃园，直到孙悟空发现自己被骗了，蟠桃会根本没有他的份儿……"

"是啊是啊，他还偷吃了所有的蟠桃、喝光了宴会上的酒，还带了好多给小猴子……"

"嗯，你看，孙悟空之所以大闹天宫，是不是因为玉皇大帝骗了他？明面上对他好，暗地里只是想控制他，就像那给向日葵套上绳子的太阳？"

"是！"

"所以，当别的人欺骗你、欺负你、强迫你、压制你的时候，要怎么样？是不是要学会说'不'？是不是要进行反抗？爸爸以前教过你，要怎么样？"

"要学会保护自己不受欺负！"

看来她没忘，只是说起来容易做起来难，女儿从来没有实践过这一原则，即便真有小朋友欺负了她。

"嗯，这种反抗很直观，我们再回到向日葵和太阳的关系来。你知道的，太阳的光会让向日葵生长，可以说，没有太阳，就没有向日葵，植物要靠光合作用来生产能量，对不对？"

"对！"

"所以，太阳和向日葵之间的关系并没有那么简单，太阳的做法虽然挺粗暴的，但他是为向日葵好，就像爸爸妈妈有时会批评你，却是因为爱你，是为你好。那在这种情况下，是不是还要反抗，还要说'不'呢？"

这下女儿有些困惑了，尤其是我把"爸爸妈妈"引入到讨论中来。我让她想了会儿，然后从书架里抽出王小波的《沉默的大多数》，给她读了下《一只特立独行的猪》——她和我一样，喜欢那只跳到房顶上晒太阳、吹口哨，像鱼雷一样横冲直撞的猪。读到"我已经四十岁了，除了这只猪，还没见过谁敢于如此无视对生活的设置。相反，我倒见过很多想要设置别人生活的人，还有对被设置的生活安之若素的人"时，我故意放慢了速度，让她去理解这句话的意思。

"你看，这只猪一定也有它的爸爸妈妈，而按照这个故事，你想想它爸爸妈妈会怎么教它呢——我想，不外乎是'你不要总是那么淘气，到处惹是生非''你要听饲养员和管理员的话，多吃多睡'之类。这不是因为它爸爸妈妈不爱它，而是它们无法理解猪圈之外的生活究竟是什么样子，它们只能以猪圈里的方式来爱它们的孩子，至于这种方式是否正确，它们无力思考。

　　"其实，这一点也适用于你的爸爸妈妈——如今，我们生活在这样一个极速变化的时代，没有人有能力完全看清未来，更没有人有绝对的把握为另外一个人'设置'生活。所以，未来，当你的选择与爸爸妈妈不同时，我请你坚持自己的选择——爸爸会尽量不去干涉。如果，我真的没忍住，以爱的名义，或其他借口去'设置'你的生活，请你一定要记住，对我说'不'！"

　　女儿抿着嘴，眼圈有些红，要哭的样子——我想，可能这话对一个小朋友来说有些重。但我觉得有必要教会她这个，在她的生命中，这比什么都重要。

　　停了一会儿，我们继续向日葵和太阳的讨论。我们换了一个角度，再次来看待这个问题——"你知道的，太阳离我们很远，也很巨大，它根本不可能注意到一株向日葵，就像我们没法注意到一个我们肉眼看不见的细菌。所以，套上绳索，只是一个比喻，这其实是向日葵趋光的本能。这么说，套上绳索的实际上就是向日葵自己。每种生物都有自己无法克服的本能，比如蛾子会扑向火，苍蝇会被捕蝇草散发的气味吸引，旅鼠会跟着其他同类一起跳下悬崖等。人也有这些本能，而且比动物的还要复杂、多样，比如爸爸明明知道喝可乐不健康，但还是忍不住——唯有与这些本能进行抗争，人才是真正自主和独立的，真正的强者就是对自己说'不'，就像诗里那株向日葵，在没有太阳的时候，它的头依然会闪耀着光芒——当然，这需要付出代价，甚至是生命，这也就是为什么向日葵脚下的泥土会攥出血来的意思。"

注：
引自芒克：《芒克的诗》，人民文学出版社，2009 年版。

凡是想象，皆属真实

思想里的狐狸 *

[英] 特德·休斯

我想象这午夜的森林：
除了那只钟表的孤独，
以及手指划过的空白页，
还另有一个活着的物，

我看到窗外星星全无；
某种距离更近的东西
虽然没于黑暗之中更深，
正在进入这孤独；

一只狐狸，冰冷的鼻子
轻压枝叶，暗雪般细微；
双眼眨动勾勒出它的动作，
一次，两次，三次，最后
在树木之间的雪地上印出
整洁的爪印，它的瘸腿之影

小心翼翼，在树墩旁暂驻，
体内空空，穿过林间草地，

大胆来到此地，一只眼睛，
一只圆睁的、渐次变深的绿
闪耀着光芒，那么的专注，
做它自己正在做着的事情，

突然，它释放出一股强烈的
狐狸热臭，冲入大脑的黑洞。
窗外依旧星星全无；钟表
滴答作响，白纸印满痕迹。

（杨铁军 译）

近来工作繁重，每天回到家里都感到身心俱疲，几乎话都不想多说一句——不过我答应过女儿，每天晚上回来要陪她学习，之前我们一起读完了《先秦寓言选译》——一本我自小书摊淘回的旧书，没承想，给女儿一边讲古文，一边和她聊这些寓言故事让我放松下来，这每天必须完成的任务反而成了最好的休息方式。

昨天晚上，我在女儿睡前给她读了两遍这首特德·休斯的诗，并给她留了一个小问题：这首诗里描述的狐狸是不是一只真实的狐狸？

今天回到家，女儿就奔过来告诉我，我的问题她有答案了，她的回答是："我想了，爸爸说过，只要是想象出来的，都是真实的，所以这只狐狸是真实的！"

她的回答我相当满意，比我想象中要精彩得多。给她讲这个是因为本学期有一堂课，她们老师布置作业，要求每一个小朋友用"我长大了，想……"造句子，女儿造的句子是她想成为孙悟空——这个回答课后被她们班几个淘气的男生嘲笑，说这根本不可能实现。女儿回来有些沮丧，我鼓励并告诉她凡是想象，皆属真实。只是很多时候，我们的眼睛并不能看到，我们的脑子并不能理解。那些说不可能的人，是因为他们不能超越自己的生活经验去看待世界。就说孙悟空吧，我觉得每一个孩子心中都会有一个孙悟空，他教会孩子翻筋斗云，从地球的一端"嗖"地跑到另一端，还会教小朋友七十二般变化，从恐龙到小虫子，随心所欲，任意切换。这么说了，女儿才稍稍感觉好受一些。看来这件事对她来说印象深刻，一直记到现在。

我开始讲这首诗，按照特德·休斯自己的说法，这只狐狸"是狐，又非狐"（特德·休斯《捕捉动物》），是狐，是因为我们的的确确看到、听到、嗅到一只狐狸由远及近，在没有星光、暗淡的深夜中一步步向我们逼近。我们看见了它星光般幽绿的眼睛，它随着雪地的高低变化而若隐若现、起伏不定的身形，甚至感受到了它鼻尖触碰到我们皮肤后那冰冷又湿润的感觉，还有狐狸特有的臭味——这个你有印象吧？我们在动物园里闻到过那种难闻的味道。我讲到这里，女儿赶紧捂住了鼻子。

"这是不是相当真实？"我问女儿，她点了点头。我问了她下一个问题："那么，我们为什么会感到这很真实呢？"女儿开启了边吃边想模式，桌子旁边的一小碟炸花生被她吃了个干净。抹了抹嘴，她开始结结巴巴地回答我的问题："我想，是因为，有很多描写……"我想，她其实是想表达有很多细节，只是"细节"这个词对她来说比较陌生。我想了下，觉得她说的有一定道理，但并不完全。我让她去把《DK 儿童动物百科全书》扛出来，我们按照"哺乳动物""犬科"的分类找到了狐狸，我和她选了"北极狐"这个词条，一字不漏地读了起来："北极狐，体长 46~67cm，尾长 25~43cm，体重 2~9kg，分布北极。这种小型狐非常适应严寒的环境，它们长着浓密的皮毛，是哺乳动物中保暖性最好的皮毛……"读完后，我问她这一段的描写是不是也非常详细？她说是。我又问她，你能从这段文字里感觉到一只真实的狐狸吗？她说是，但马上又有点犹豫。我想，我大概理解她的犹豫，我们一起看过一些关于动物的纪录片，谈到北极狐的时候，她自己会联想起那些影片里的形象，但那些形象似乎和这段文字没多少关系。

我开始给她比较两种方式："后一种，是一种科学认知的模式，它强调细节是为了增进我们的知识，并借以进行分析和判断；

而前一种，诗里的方式，它强调的细节可能有增进我们认识的目的，更多的是为了让我们用自己的感官去感受、去体验，用我们的想象力去'捕捉'这只动物的形貌。所以，在阅读文学作品的时候，需要我们调动起我们自己的感官，去看、去听、去嗅、去尝、去触碰，去用想象力重构当时的情形。当你阅读一篇关于动物的作品时，你得让你自己'钻'进那只动物的身体，和它一起打量着世界，像动物一样思考；而当你阅读一篇关于植物的作品时，嗯，你就得像一株一动也不动的植物——现在，你就是一朵花啦，开放、闭合，然后枯萎，我挠你痒痒你也不许动啊，听到没？"女儿这株植物甚至没有坚持一分钟，我的手还没碰到她的身体，她就已经笑得花枝乱颤了。"我们是用感觉和想象来认识世界的，多种感觉的综合塑造了我们的现实感，而想象力则憧憬出过去与未来，理解了吗？

"接下来，我们来处理'非狐'的问题。这需要我们换一个角度来读这首诗：首先，注意到没？题目就写得明明白白，'思想里的狐狸'。然后，我们需要特别注意它的眼睛，在诗里它可出现了好几次，最开始，是黑暗之中的东西，然后是标识它位移的闪动，最后是一只圆睁的、渐次变深的绿，闪耀着光芒。爸爸曾经在深夜遭遇过一只麂子，它的眼睛特别亮，但又不同于电筒这些光，是一种很神秘的灵光——这有没有让你想到比如幽灵或是妖怪之类的东西？"

女儿认可地点点头，我们继续讲："在诗的最后，它真的像一个幽灵一样，化成了一阵烟——这和我们文化里的狐仙妖怪什么的倒很像，在我们国家的神怪故事里，妖狐什么的最后都是化成一阵烟就跑掉了，《西游记》里好像也有类似的情节……""对的对的，牛魔王的故事，还有比丘国的故事里都有！"女儿马上接上了茬。为了不让她的思绪跑太远，我赶紧把她拽回到诗歌文本里。"你看，这只狐狸的巢穴在诗人的脑子里，现在已经找不到它了，结尾的时候好像什么也没发生，又回到了诗开头的状态，时钟的滴答，以及白纸，唯一的不同是白纸上多了些痕迹——这些痕迹呢，可能是狐狸印在雪地上的，你还记得吗？""记得，就像是爪爪冰棍！"——她又跑到了《疯狂动物城》里的情节。"时钟好像是一种标记，标记着我们从幻想世界回归到现实世界里来，那么这只狐狸，就是我们幻想和想象的产物，所以它被命名为'思想里的狐狸'，懂了吗？"女儿点了点头。

"不过这首诗可能没这么简单，我们并不是机器人，不会每次只执行一个指令，我们所有的思考、活动都是综合性的，所以爸爸觉得这只狐狸也不仅仅只是一个想象的造物，而这首诗也不仅仅只是一首关于想象的诗。在这只狐狸身上，寄托着诗人曾经的生活经验，还有情感，它可能寓意某些说不清楚、无法赋予意义，但就是让我们无法摆脱的记忆。就像爸爸曾见过的那只麂子的眼睛，偶尔我还是会想起来，孤零零的两簇亮光，在黑漆漆的夜里。"

"那只小麂子后来怎么样了？"女儿很关心小动物。

"爸爸也不知道，这是一个生命与另一个生命的偶遇，然后各奔东西。就像这位诗人与这只思之狐一样。对了，他为此还写了篇文章，你要不要听听？"

女儿点点头，我们开始读特德·休斯的《捕捉动物》，读到末了，读到结尾"我想，在未来，即使我离世已久，只要这首诗不曾绝迹，只要有人读它一回，那只狐狸都会再次现身——从黑暗中的某个地方现身，然后一步一步向他走来。"女儿眼圈有些红，我想她已经明白了这只狐狸的价值和意义。

注：
*引自［英］特德·休斯：《诗的锻造：休斯写作教学手册》，杨铁军译，广西人民出版社，2019年。

写作，有时是和自己开玩笑

让我们驶入新美国之屋①

[美] 理查德·布劳提根

一扇扇门
想从铰链中
逃脱，
与美丽的云彩齐飞。

一扇扇窗
想从框子中
逃离，
与鹿群
横穿偏远乡村的草场。

一面面墙
想与群山
一起，潜行于
清晨的薄雾。

一块块地板
想把家具
消化成
花与树。

一片片屋顶
想优雅地
与群星一起
旅行，穿过
层层黑暗之圈。

（肖水　陈汐译）

一位女士②

[美]理查德·布劳提根

她的脸抓紧她的嘴
像一片叶子抓紧一棵树
像一只轮胎抓紧一条公路
像一把勺子抓紧一碗汤。

用一个微笑也不能
让脸放手，
可怜的人。

不管发生什么

她的脸总是一棵枫树

101 号公路

西红柿。

（肖水　陈汐译）

　　女儿虽然还没有正式地上作文课，但是语文课布置的"写话"实际就是微缩版的作文练习。可能源自刀笔吏的职业病，对这块我比较上心。照字面意思理解，写话写话，就是把口头语写下来。我揣测这种练习的初衷应该是训练孩子把口头语转化为书面语。我想，清楚、连贯、完整就应该是这种练习比较靠谱的标准。实际上并没有这么简单：我从各种渠道看了些小朋友的写话，在一些被标榜为范文的作品里，充斥着诸如"金秋十月""烟波缥缈"一类花里胡哨的形容词，还有提前就预设好的价值观念、重要意义一类——即便没有这些，也要在结尾处强行附加一个感叹句，诸如"我好开心啊！""多么美好啊！"之类——每当女儿以这种形式结尾，我都要喷她一次，可她屡教不改，我想问题就不是那么简单了。

　　这大概也属于我们传统文化的一部分：长久以来，在我们的文化传统里，文学可是件不容马虎的大事情，"文章千古事"，微言大义也好，文以载道也好，都是要让这些沿用了千年的方块字承载起一定的道德、社会意义。

　　这自然是不错的，但过犹不及，凡事讲意义，反而变得没意义起来。而且文章写成这样，长久绷着，就免不了僵化。如果说严肃有余、活泼不足的毛病尚可以接受的话，滋生、助长了虚伪与做作就有些讨厌了。本来是小朋友们写的作文，却显得老气横秋，充斥着成人的世故气——世事变迁，在马路上捡钱这种题材变得虚幻起来，但需人搀扶过马路的老奶奶、需要人让座的老爷爷总还是可以撞见的，长久写这类题材的作文，不但作文水平提升不了，还会影响身心健康。

我决定给女儿打打预防针——应对这类问题，摆事实讲道理固然是可行的，但也犯了以一种意义否定另一种意义的问题。所以，我索性给她上了点"猛药"，直接给她读了些"后现代主义"作品。要说对付这类假大空，所谓"后现代主义"那可真是一件称手的好兵刃：大神杜尚把一个小便池取名《泉》，送进艺术博物馆——震惊之余，当为数众多的艺术批评家开始尝试以不同的角度来阐释其艺术价值、意义时，我仿佛看到杜尚躲在一旁暗暗偷笑。他们就像一些顽皮、喜欢恶作剧的古怪精灵，除了开心、好玩、找乐子，也顺便嘲弄下我们的惺惺作态和自命不凡——这点上，他们有点像《皇帝的新装》里那个喊出"他没穿衣服啊"的孩子。

在他们那里，艺术，或文学不妨是一个玩笑，无论是否有意义，它首先应该有趣、机智、幽默，最好还特别酷。我前几天刚读完美国后现代主义诗人理查德·布劳提根的诗选，就顺手找了几首来读给女儿。

上面那首《让我们驶入新美国之屋》，写了一幢不那么安分守己的房子。我们印象里的房子，基本都给人以四平八稳、牢固持重的印象，其中的部件虽然彼此区别，但都因服务于"房子"这个整体的功能而获得存在价值。比如门是方便进出，窗子是采光、通风的等等。但这幢房子，它的部件不但不团结协作，紧密围绕在房子的核心功能周围，反而是每一个组成部分都有一股特立独行的派头，渴望挣脱束缚，按照各自的意愿和喜好去"单飞"。这种写，往深了挖，可能涉及美国人的国家观念，当时美国青年人的文化氛围（反战、自然主义、东方信仰、垮掉派等等），但我不想讲那么复杂，就把它看作一个好玩的玩笑。

之前，我和女儿一起看过那个著名的动画电影《飞屋环游记》，这部动画片在想象力方面已经很厉害了，它让房子变成了飞屋，实现了"带着家去旅行"这样一个让人嫉妒的奢侈理想。而这首小诗就更厉害了，它的屋子更"调皮"——我就用"调皮"来给女儿讲这首诗，我说整幢房子像是一个闹哄哄的幼儿园，里面尽是些捣蛋鬼，每一个都不是让老师、家长省心的主儿，成天就想着要跑出去玩——"那里面的人一定很惨，他本来是坐着的，结果一下子屋子全都不见了，可能他还保持着坐着的姿势！"女儿很开心地插话，看来她已经想象出这幢调皮房子的样貌，而且还使用这个游戏规则"玩"了起来，到这程度，我觉得就没必要再讲下去了，让她自己留在那幢房子里自己玩就好了。

借着她的兴头，我又给她读了《旧金山》《石榴马戏团》《一位女士》《12月30日》《是的，鱼的音乐》《南瓜潮》《鹌鹑》这几篇，虽然各不相同，但都很好玩，像我们日常闲谈时某个谈锋锐利的机灵鬼抖出来的段子，炫耀他的机智和幽默——我年轻时不太喜欢这类玩意，觉得没什么意思且很无聊，现在，随着年龄渐长，似乎也可以接受这些无伤大雅的玩笑，而且觉得如果它确实有创意，还会产生出其不意的效果，也不失为一件了不起的艺术创造。

我重点给女儿讲了讲《一位女士》。因为女儿喜欢画画，而这首诗有很强的画面感，像是毕加索的立体主义人物画像：我能想象出这位女士拧巴的表情，但好像只有这么写，才能表现出到底有多拧巴。我给女儿讲，这就像她的脸在和她的嘴拔河，目前双方势均力敌，处于僵持状态。除了这个，这首诗还有一个好玩的小机关，就是诗的第一节和第三节其实是相互对照、呼应着的。叶子抓紧树，具象为一棵枫树；轮胎抓地，具体为101号公路；而那把勺子舀起的，大概率是一碗番茄汤，至少配料里有番茄。而且，作者还很有心机的在这里玩了一个"翻转"，在上一节里，"脸"对应着应该是叶子、轮胎、勺子，可在这一节，反过来了，变被动为主动，脸成了枫树、公路和汤，这种故意的混淆很可能是一个恶作剧，大概率用以嘲讽我这类喜欢抠字眼的书呆子。

我鼓励女儿在写作时充分地放松，去写那些觉得有趣而非有意义的东西，套用斯宾诺莎的话，"人们并不是因为事物是善才去追求它，但只有人们加意追求的事物，才有可能变成善的"。

注：
① 引自［美］理查德·布劳提根：《布劳提根诗选》，肖水、陈汐译，广西师范大学出版社，2019年版。
② 同上。

将一切视为游戏，世界就有回响

月下独酌（其一）

唐·李白

花间一壶酒，独酌无相亲。
举杯邀明月，对影成三人。
月既不解饮，影徒随我身。
暂伴月将影，行乐须及春。
我歌月徘徊，我舞影零乱。
醒时同交欢，醉后各分散。
永结无情游，相期邈云汉。

给女儿讲李白时，我先是选了很多最代表李白风格的歌行体诗，如《将进酒》《蜀道难》《宣州谢朓楼饯别校书叔云》等读给女儿听。我觉得李白的诗歌适合读，读比看更能展现他诗歌的魅力。像我女儿这样的小朋友虽然未必能明白这些诗的意思，但通过聆听，也能为他诗歌里那种激越飞扬的气质所感染，从而对李白诗歌风格有一个直观、感性的认识。在这个基础上，我重点给她讲了这首《月下独酌》。

我之所以选择这首，一则因为它是我年轻时特别喜欢的一首诗，可能也是我有意识自己去背诵的第一首李白的诗，很有纪念意义。推想当年自己之所以喜欢这首诗，除了花啊、月啊、酒啊、影啊这类文艺小青年热衷的元素，更可能是里面那种顾影自怜的感伤情调——这好像也是对这首诗比较普遍的一个理解。时过境迁，现在我会从另一种角度来审视这首诗，相比"孤寂""苦闷""强颜欢笑"，我现在更欣赏这首诗里洋溢的愉悦——这也是我要把它讲给女儿听的第二个原因。在我看来，这是一首即便说不上多快乐，但绝对不"孤寂""苦闷"的诗。

这么说，源自我现在对李白的理解。李白，至少从他的作品来看，是一个有些表演倾向的人，通过他自己创作的诗歌，给自己戴上一个个面具，把自己塑造成狂士、侠客、醉鬼、道士、隐者……对他和他的诗歌研究论述的文字也相当多。如果仅是如此，那么也只能说李白这个人比较复杂、多样，未必精彩，也未必吸引人，比如我们都见过一些金玉其外、败絮其中的骗子。

李白吸引我们的，除了他的才华，我觉得还有他掩盖于多重面具之下的"真"。关于这点，我觉得李长之先生说得很好："我觉得李白的可爱，就在他'真'得不掩其矛盾，'真'得不掩其有棱角。"（《道教徒诗人李白及其痛苦》）这是孩子的天真，成年人少有。我记得小时候看过一篇科普文章，介绍热带雨林里的红猩猩。这种猩猩幼年时特别可爱，活泼好动，喜欢与人亲近，随着年龄增长，它就会变得越来越沉默、阴郁，甚至有攻击倾向。现在想来，这和我们人类倒是有几分相似。随着年龄增长，我们看待世界的方式多少都会沾染上一些世故气，在很多人眼中，比如我，世界就像缓缓燃灭的火焰，渐渐褪去了光与热。提不起兴趣成了生活常态，我觉得自己越来越像冈察洛夫笔下的奥勃洛莫夫，什么都变得没有意义，只有无所事事地躺在床上才真正具有确定性。这样看待世界，比较消极，也比较乏味。

小朋友们却不是这样的，在他们的眼里，一切都还是新鲜的，一切都是兴趣盎然的游戏——我经常悄悄看我女儿、儿子在家玩游戏，看着他们给每一个玩偶起名字、安排角色，把沙发垫、毯子改造成房子与游泳池，看着他们两个整天围在一盆水前玩钓鱼玩具而乐此不疲，简直羡慕得不得了。在他们眼中，整个世界都可以用来做游戏，没有什么不是有趣的。

一小部分成年人保持了这种看待世界的方式，比如李白，在他的眼里，山与人是可以相互对视并心心相印的（《独坐敬亭山》），山花可以对着人笑，流莺善解人意（《待酒不至》）。而在这首《月下独酌》里，他也是无中生有，"拉"来两位风马牛不相及的"酒友"——月与影。很多人觉得这只是苦闷之人排遣寂寞的伎俩，但只要我们仔细想想，就知道没那么简单。为了缓解压力或是发泄情绪，我们会去健身、登山、跑步、K 歌、跳舞，或是玩游戏、大吃大喝……但少有人会用虚构和幻想的方式来"创造"

出几位朋友，还赋予这些朋友不同的特点，创造出彼此互动的情节——这是孩子的方式，也是艺术家的方式，只有在充满创造力、葆有童心的艺术家那里，一个人才可能与一朵玫瑰花、一只狐狸（《小王子》）成为朋友，也只有在他们那里，平淡无奇的影子与月亮才获得生命，与人喝酒、舞蹈、游戏。

所以，我觉得孩子可能比一个成年人更能体会这首诗里的快乐，就像他们喜欢的动画片《维尼与跳跳虎》里和自己影子一起跳跃游戏的跳跳虎，我想他们也会喜欢这位和影子、月亮一起喝酒、游戏的李白：他的月亮朋友有些骄傲，有点爱搭不理，半推半就的样子，高高远远地端坐在天上；影子朋友和"我"很亲近，是"我"的"死党"和跟班，但表现出来却有些呆憨，反应上慢了半拍，不解风情。但"我"不会就这样放过他们，不但生拉硬拽他们过来陪我喝酒，还得喝得尽兴、痛快，所以我一会儿引吭高歌，引得月亮动情徘徊，一会儿又借着酒劲儿跳上一段，故意让反应迟钝的影子跟不上节奏，变得"凌乱"。最后不但酒喝痛快了，彼此也变得更为亲近，这不，我们三个相约着，下次要去月亮家做客、喝酒。

我就这样给女儿讲了这首诗，虽然未必严谨，但效果很不错，至少我们都相当开心、愉快，比起"苦闷""孤寂"来也有意思得多。在美国幼教学者佩利《游戏是孩子的功课》一书里有这么一段话，我很喜欢："任何东西一旦被说成了故事，就会有回响。"

我想，把世界视为游戏，世界也会有回响，遥遥地，与我们彼此呼应。

声与色，声与情

一、一些站不住脚的理由

女儿终于开学，假期的唐诗学习也算告一段落。晚唐我只选了杜牧的绝句《秋夕》，然后作为压轴曲目，我和女儿花了整整一周时间，一起学白居易的《琵琶行》。

选这首源自我个人对孩子学习文学的一点浅见：篇幅固然是孩子学习过程中需要着重考虑的因素，但并不绝对。我觉得这首比短小的《江雪》更加适合孩子来学习阅读，《琵琶行》的篇幅虽然挺长，但内里很简单，就是一首叙事诗，可以按照讲故事的方式逐渐展开。而且，正因其篇幅，很多东西都摆在了"台面"上，隐含在文本之后的东西就少了，解决了字词句和一些关键环节，这对孩子而言的"庞然大物"也就"謋然已解，如土委地"了。

另外，随着学习逐渐深入，我觉得有必要给女儿提高点难度，篇幅长了，对孩子的专注力是一种训练，锻炼她持之以恒、一以贯之的学习态度和精神。

最后，也是最重要的，是因为《琵琶行》是一首杰作，绝对算得上最好的那几首唐诗中的一首，尤其是对琵琶演奏效果进行艺术处理那一节，每次读都有挥之不去、余音绕梁的美妙感觉，让人产生一种身临其境的幻觉。我觉得这种"感觉""幻觉"对于理解和欣赏艺术作品，学习、体验艺术作品的美感特别重要，值得与孩子一起分享。

二、前期准备与第一节

浔阳江头夜送客，枫叶荻花秋瑟瑟。
主人下马客在船，举酒欲饮无管弦。
醉不成欢惨将别，别时茫茫江浸月。

讲之前我做了些准备工作：比如找了些琵琶演奏的视频，一些用到琵琶伴奏的乐曲和女儿来看、听，让她对琵琶弹奏的音乐有一个直观的认识。更重要的，为了解除女儿的畏难情绪，我不但答应和她一起学习，还答应和她一起背诵——于是，作为一名记忆力严重衰退的中年人，我得拿出每天午休的时间笨鸟先飞，以便晚上回去和女儿玩"诗句接龙"游戏时不落下风。经过一周的折腾，女儿和我基本可以流畅地背诵这首长诗了。

《琵琶行》起于一场送别。关于送别的诗歌，我和女儿已经学了不少，这情形她不算陌生，也就不用过多浪费口舌。在这里，我特别让女儿注意了一点，就是这一节除了叙事上的需要外，更重要的是环境的渲染作用——斯特拉文斯基强调，"作品演奏除了让人听到声音外，更重要的是要考虑到声音释放的环境和形式"（《音乐诗学六讲》）。

　　"菜市场里听钢琴曲，课堂上放《嘻唰唰》，你觉得效果怎么样？"女儿想了想，摇了摇头，觉得挺恐怖。"反之，与环境相辅相成，音乐的效果也会被成倍放大：诗的开头，送别的气氛有点儿压抑。或许因为不舍，大家彼此心照不宣，谁都不愿意多说话，喝着闷酒，一种让人不自在、欲言又止的尴尬和静默。这冷场的氛围好像是一段'真空'，空白，但又想被填充，一些东西呼之欲出，可举目四望，只有江枫、荻花以及浸没在水中无言的月亮，一派秋夜的萧瑟。终于，在模模糊糊、隐隐约约里，一段缥缈的乐声应运而生了，吸引了我们全部的注意力。与其说它从江水上泊来，倒不如说它自我们（诗中的人，也包括读者）的心里生出来。这就是琵琶曲演奏的背景和环境氛围，它暗合了我们的心理需要，所以音乐的效果也特别出色。"

三、第二节，声与色

忽闻水上琵琶声，主人忘归客不发。

寻声暗问弹者谁，琵琶声停欲语迟。

移船相近邀相见，添酒回灯重开宴。

千呼万唤始出来，犹抱琵琶半遮面。

转轴拨弦三两声，未成曲调先有情。

弦弦掩抑声声思，似诉平生不得志。

低眉信手续续弹，说尽心中无限事。

轻拢慢捻抹复挑，初为《霓裳》后《六幺》。

大弦嘈嘈如急雨，小弦切切如私语。

嘈嘈切切错杂弹，大珠小珠落玉盘。

间关莺语花底滑，幽咽泉流冰下难。

冰泉冷涩弦凝绝，凝绝不通声暂歇。

别有幽愁暗恨生，此时无声胜有声。

银瓶乍破水浆迸，铁骑突出刀枪鸣。

曲终收拨当心画，四弦一声如裂帛。

东船西舫悄无言，唯见江心秋月白。

这一节是我给女儿讲这首诗的重点。在这里，我要女儿重点观察和思考两方面内容：一是我们要看看这位琵琶演奏者是如何露出她的庐山真面目的；二是思考一个问题，如何用文字描述和表现音乐？

135

因为前面已经进行过铺垫，所以我们所有的注意力都被一个问题给牵引着，就是"这琵琶声从何而来"？顺着这个线索，我们一点点接近这位演奏者——在这点上，她可是吊足了我们的胃口：先是听到有人议论，欲言又止，继而千呼万唤，终于答应出来演奏，却又半推半就，"犹抱琵琶半遮面"。这一连串动作下来，这位演奏者出是出现了，却好像比没见她时更神秘、更吸引人。

虽然没有辉煌的灯光、音响设备（只有"添酒回灯"），舞台逼仄有限（仅船舱），服饰等可能也很平常，但舞台效果出奇地棒，紧紧抓住了所有观众的目光（包括我们）。在这点上，我觉得诗人对于"人"的观察值得我们学习，他不仅仅注目于人物的外貌、衣着（这固然也很重要），更重要的是，他就像一位机敏的捕蝶手，善于捕捉那些吉光片羽、稍纵即逝的"闪光"。这些"闪光"就是由我们内心活动引发，不经意的一颦一笑、下意识的小动作等。通过这些，他带我们走进被观察者的内心。外在的、描述性的描写固然可以很华丽、漂亮，但容易给人在外围绕圈圈，不得其门而入的感觉，而高超的写作者却能一击致命，画龙点睛一般赋予描述对象生命。

关于如何使用文字表现音乐的问题，多少有些因答设问，我是想通过这种方式，引导女儿去思考如何表达自己的艺术体验。

毋庸置疑，每种艺术形式最佳的表现方式都是其自身，使用其他方式"转述""翻译"都只能算是二手货，甚至得不偿失。

无论何种艺术形式，其作用机制都要依赖我们人体的感官，而人体各种感官的"中央处理器"又都统一于我们的大脑，所以各种感官就存在彼此连通、作用的情况。在心理学上有一个名词叫"彩色听觉"，认为某种颜色与某种声音神秘地存在彼此对应关系——纳博科夫就曾大书特书自己拥有的这项超能力。我觉得可能没那么复杂，比如我女儿喜欢吃的绿豆沙冰棍，绿豆沙其实不是那种绿色，可我们已经从心里默认了绿豆沙就应该是那种绿色，食物的颜色与味道，就这样奇怪地"绑定"在了一起。这可能是一种大家都没注意但真实存在的社会文化习惯，还有可能是个人比较发达的联想能力，一位诗人（兰波）从几个字母里看出了万事万物，人或多或少都具有这样的能力，只是程度不同罢了。

本诗中，白居易用诗歌的方式来重现自己倾听琵琶曲的感受——用文字表现音乐，最原始、直接的方式可能就是使用拟声词了，叮叮当当咿咿呀呀……无论怎么惟妙惟肖地"拟"，效果上总还是差点儿意思。再就是乐谱，可惜非专业人士看不懂，不够普及。白居易使用了一种很聪明的办法，他没有用文字亦步亦趋去描摹乐曲，而是去表现由音乐引发的感受与想象，把其效果准确地传达出来。

于是，琵琶声先是化为一阵急雨从天而降，接着却幻化为轻柔到搔耳般的窃窃私语。两相交错、碰撞，像云里的小水滴凝结成大雨滴，两种不同的声音融会成了一颗颗大大小小的珍珠，叮叮当当散落到玉石质地的盘子里。诗人这个比喻可能受到《乐记》"累累乎端如贯珠"的启发，但艺术效果绝对是青出于蓝而胜于蓝，它首先是珍珠跌落玉盘的磬声与琵琶声某种相似的听觉体验；然后是琵琶声的清脆、婉转与珍珠圆润、饱满、光泽耀人的观感，融通滴转的动感之间无法用语言传递的相关性。

接着，诗人又写了一系列新的形象来表现乐音，包括花丛中的莺鸟，一条被冰封的河流，一个突然炸裂的银瓶，战马嘶鸣、刀戈剑戟纵横交错的战争场面等。这些本不相关的场景被诗人组织在了一起，随着乐声的起伏一一闪现，像是过去常提的一种被称为"蒙太奇"的电影拼贴手法。

"这感觉就像我们上周去游乐园玩的漂流项目，顺着音乐的激流，急速下行、洄旋……而这些形象就是我们漂流时四周迅速变幻着的场景。就如同漂流之所以刺激、好玩，在于我们无法掌控其速度，体验这节诗的魅力，也需要紧紧跟上诗人的节奏，在这些场景的迅速闪动、变幻中，想象音乐的效果。

"在所有艺术形式里，音乐可能是最赋予人自由感的，听音乐的时候，人的想象力就像随着阳光攀缘的爬藤植物，无定无向，自由生长，或者像另外一位诗人（特朗斯特罗姆）形容的那样，'醒着做梦'。"

四、声与情，结尾

沉吟放拨插弦中，整顿衣裳起敛容。
自言本是京城女，家在虾蟆陵下住。
十三学得琵琶成，名属教坊第一部。
曲罢曾教善才服，妆成每被秋娘妒。
五陵年少争缠头，一曲红绡不知数。
钿头银篦击节碎，血色罗裙翻酒污。
今年欢笑复明年，秋月春风等闲度。
弟走从军阿姨死，暮去朝来颜色故。
门前冷落鞍马稀，老大嫁作商人妇。
商人重利轻别离，前月浮梁买茶去。
去来江口守空船，绕船月明江水寒。
夜深忽梦少年事，梦啼妆泪红阑干。

我闻琵琶已叹息，又闻此语重唧唧。
同是天涯沦落人，相逢何必曾相识！
我从去年辞帝京，谪居卧病浔阳城。
浔阳地僻无音乐，终岁不闻丝竹声。
住近湓江地低湿，黄芦苦竹绕宅生。
其间旦暮闻何物？杜鹃啼血猿哀鸣。
春江花朝秋月夜，往往取酒还独倾。
岂无山歌与村笛？呕哑嘲哳难为听。
今夜闻君琵琶语，如听仙乐耳暂明。

莫辞更坐弹一曲，为君翻作《琵琶行》。

感我此言良久立，却坐促弦弦转急。
凄凄不似向前声，满座重闻皆掩泣。
座中泣下谁最多？江州司马青衫湿。

这两节篇幅虽长，但可讲的内容不多。在中国传统文化视域内，无论诗也好、音乐也好，都被认为是抒情的滥觞。所谓"情动于中而行于言，言之不足故嗟叹之，嗟叹之不足故永歌之，永歌之不足，不知手之舞之，足之蹈之也"（《诗经·大序》）。对艺术作品进行单纯的"审美"，是比较晚近的观念。

白居易在描写完精妙绝伦的演奏技艺之后，开始让琵琶演奏者"自述"其身世背景。其实，这也是演奏的一部分，像是在乐曲中间插入了一段"独白"，有了这段"独白"，可以加深或改变我们对琵琶演奏的感受和理解。正因为有了这个背景，所以，原来让人目眩神迷的琵琶曲就变得"凄凄不似向前声"了。

因为使用诗来进行叙述，所以跳跃性就很强，在前一句还是"今年欢笑复明年，秋月春风等闲度"，下一句就变成了"弟走从军阿姨死，暮去朝来颜色故"，情势急转直下，有强烈的落差感——这也是中国古诗对偶结构所造就的一种特别的艺术表现效果。

另外值得注意的一点就是琵琶演奏者叙述的时间跨度很长，

但诗人并没有选择一种简笔画似的方法来勾勒大致轮廓，而是用很小的"单位"，一些特别有画面感的细节。这有点像过去家庭里必备的家庭影集册，一张张摄于不同时间的相片象征了不同时间段的人生经历。翻看这类影集，会让人产生一种感觉：仿佛一个人的一生就是在舞台的聚光灯下展开的一场戏剧，华美而凄楚，平凡简单又似乎与众不同，因而比生活本身更感人一些。这位琵琶演奏者的一生就如此被叙述出来，"节点"都是她的高光时刻，与之相比，当下的生活似乎不值一提。正是被这种情绪感染，每个人，无论达官贵人，还是青楼歌姬，都从这琵琶声中获得了一种丧失感，深切地感觉到自己曾拥有的美好事物丧失的痛感。

由此，白居易才发出了"同是天涯沦落人，相逢何必曾相识"的感慨，进一步慨叹自己的身世之零落。我很同情白居易，但仅从这一首诗来看，这一节实乃续貂的败笔。白居易才高，他的诗优点是声情并茂、晓畅明白、易于传诵，但缺点是很有些"感伤主义"情调，喜欢在诗文里暴露、美化自己那点儿个人情愫，这就像在琵琶演奏的最后，忽然将"聚光灯"转向了自己，像作为本次演奏的主办方或赞助商来了一段内心独白，真是煞风景。

第四章

贴着读，读出文章的味道

不过，我并不着急，我相信通过阅读量的增加，她自己会对此有所体悟。她使用漫画格这种方式本身就已经让我相当满足，这表明她意识到了叙述是一个流动的过程，而非孤立的，如旅行纪念册里，一个个的瞬间。

细节赋予文章生命

——与女儿读《丛林之书》·一

　　周五女儿不舒服，提前把她接回了家。因为生病，作业自然是延后了，这几天让她头疼不已的《数学帮帮忙》也临时取消，取而代之的，是她喜欢的读故事环节。周五加周末两天，时间比较充裕，我就找出吉卜林的《丛林之书》*来和她一起读。

　　我读吉卜林是读研以后的事儿了，颇感相见恨晚。那时，除了上课，我基本都在云大图书馆里读书，一读一下午。每天读完，也不着急回宿舍，踱到宿舍区的小超市，买一罐啤酒、一包鱼皮花生，在园区空地一个花坛边儿来上两口。这时，园区内的几只流浪猫就会识趣地跑来，喵喵地叫。按惯例，我把鱼皮花生的"鱼皮"分给它们吃——我记得读吉卜林那天，回去的时间要更晚，因为我一口气读完了他的两本小册子《丛林之书》与《白海豹》。到花坛那儿时，天色已经很暗了，我把鱼皮花生剥好，丢到那几只猫面前——平生第一次，我注意到黑暗中猫科动物们琥珀色、幽幽发亮的眼睛。那光让人不寒而栗，恍惚中，仿佛黑豹巴吉拉突然从黑暗中析离而出……

我给女儿读这些比较长的故事时，不求速度，也不追求字正腔圆——我觉得朋友圈里天天发的那些，让孩子像央视播音员一样朗读，除了练练普通话，对深入理解作品没有任何帮助。当然，更主要的原因是我不擅长朗读，普通话也说不上标准。在开始读故事时，我会慢一点，让女儿渐渐跨进文本的世界，尤其是一些名字，开始时，我会停下来，再问她一遍，这些名字都是谁啊？如果她遇到不明白的地方、不懂的词句，提问，那么阅读随时可以中断，解释，然后继续。

　　在一些需要想象、理解或需要调动感官去体验的地方，我会继续降速，给她时间去感受，必要时可以停下来。比如在读到描写黑豹巴吉拉出场时的句子"他的嗓音却是顺滑的，好似树枝上滴下的野蜂蜜"时，我会停下来，让女儿自己想象，树枝上滴下的野蜂蜜是什么感觉，那种感觉所形容的嗓音又会是什么样。比如形容蟒蛇可阿"在树枝上无声滑行，寂静得好像苔藓生长"，我让她想象苔藓生长的声音会有多么小，又告诉她即便是这么小，也不能说没有声音，那样就不对。

　　比如读到莫格里将火罐打翻在草地，腾起大火时的那段特写："那男孩赤身站立，火光之中，他长长的黑发在肩头拂动，而那燃枝的火焰映得无数影子跳跃与颤抖着。"我停下来，问女儿能不能看到？她回答说能。我问她，你觉得为什么这里不直接写狼群，而要写它们被火光映衬下影子的"跳跃与颤抖"？女儿想了一会儿，摇摇头。我让她想象下晚上她和妈妈一起玩手影游戏的情景：在四周一片昏黑的衬托下，白墙上的手影是不是比我们所想的更加清晰和生动？它的轮廓是不是更简单，看着也更"锋利"？它的张合、晃动，是不是比手本身幅度更大，更明显？她一下子明白了，咯咯地笑了起来。我又稍稍给她解释了下，这里这么写，还有一个重要原因是烘托那簇熊熊燃烧的火焰，因为它，所有的事物有了火焰跳跃的动感。

在一些地方，我会加速来读，甚至故意不喘气，比如巴吉拉、巴鲁、可阿与斑达洛战斗的情景。我想让我女儿感受那种战鼓喧天、大雨骤降的紧密节奏，让她和蝙蝠芒格、野象哈蒂他们一起，围观这次战斗。事实证明效果还挺不错，她真实地"进入"了这次战斗，中间还因为紧张，不由自主地叫了声爸爸。

在读完第一章后，我提了两个问题，一个是莫格里在成功击退希尔可汗和狼群后，为什么却哭了？——读到莫格里心碎痛哭那一段，女儿眼中也含着泪，她懂那种感受。她的回答是因为他要离开家了——我觉得这是一个无懈可击的回答。我又问她为什么老虎希尔可汗会那么想吃掉莫格里？女儿说因为他想报仇——这个回答也说得过去，不过和我想的不太一样，我觉得是因为他不敢直面自己的懦弱——不过这个对于女儿这么大的小朋友来说，理解起来可能有些吃力，所以就没有继续。她和我说那个胡狼台巴齐好像狐假虎威里的那只狐狸啊！我想想，确实。

昨天晚上读第二章，读之前，我让她先把昨天的故事简单复述一遍——在她磕巴、不得要领地尝试了两三次后，我教给她一个讲故事的简单办法，就是要以"从前……"来开头。这下，她从以前听过的故事里汲取了灵感，给我用"从前"的方式，简单复述了第一章的内容。

第二章我同样问了两个问题，一个是战斗时巴吉拉、巴鲁和可阿都分别在干什么，他们如何进行战斗？女儿对这节印象特别深刻，可能是因为滑稽，她尤其喜欢巴鲁坐下，将斑达洛们"往怀里揽，……然后开始有节奏地敲打，像桨轮拍水似的啪啪作响"这段，边说还边模仿着做，特别开心。第二个问题是斑达洛为什么那么招人讨厌？女儿的总结是"他们总是大喊大叫，往别人头上乱丢东西，还把莫格里给抓走，人家又不愿意去！"——这听上去，很像是她们学校行为规范的丛林版本。我又帮她加了两点，一点是斑达洛是不是有些自私？他们总是想着自己方便，却从来不考虑别人的感受。另一点是他们不但不遵守丛林守则，还肆意破坏。

那天晚上，我帮她洗澡搓背时，她像往常一样躲闪和喊疼，只是今天多加了句台词："妈呀，我背上的毛都被薅走了一半儿。"——看来，她比伤痕累累的巴吉拉还要惨。

注：
* ［英］鲁德亚德·吉卜林：《丛林之书》，段冶译，天津人民出版社，2017年。

动词让文章活起来

——与女儿读《丛林之书》·二

女儿临近考试，《丛林之书》断断续续讲到第七章。从第四章开始，每章都是分篇独立的故事，分别关于一只特立独行的白海豹，一只视家族荣誉为生命的猫鼬，大象和驭象人家族，保障军团的动物们。

其中，女儿最喜欢《李奇—蒂奇—塔维》这一篇，讲完当晚，那只叫李奇·蒂奇的猫鼬就成了她的新偶像——迅速取代了达西西（《海底小纵队》）和云宝（《小马宝莉》），变成了她新的角色扮演对象："爸爸，李克—蒂克—蒂奇—蒂奇—呲克（李奇·蒂奇的叫声），李奇·蒂奇用她粉红色的小鼻子仔细闻了两遍，数学作业检查完了！"我则会回答她："李克—蒂克—蒂奇—蒂奇—呲克，很好，保持李奇·蒂奇的专注。现在赶紧去洗漱，准备蜷在爸爸肩膀上睡觉了！"

吉卜林是那种特别擅长制造"身临其境"感的叙述大师，我觉得除了他高超的叙述技巧外，有一个细节是特别突出的，就是他会不遗余力地描绘一个事件的全过程，让它具有一气呵成、不容有间的动感，比如李奇·蒂奇与眼镜蛇纳吉娜智斗这一节：

> 李奇·蒂奇跟纳吉娜保持着距离，刚好在攻击范围之外，绕着她跳了起来，一对小眼睛红如火炭。纳吉娜将身躯收紧，再朝他抛射过去，李奇·蒂奇便跃向后方闪避。她一次接一次地进攻，每次都将脑袋"砰"地撞在游廊的地垫上，然后再次像发条一样收紧身体。这时李奇·蒂奇便以弧线腾挪到她背后，而纳吉娜就甩过身子确保头迎着头，于是蛇尾在垫子上刮擦作响，听上去好像风吹枯叶。

双方见招拆招，你来我往，好不热闹。这精彩的一段，即便翻译成没有时态变化的汉语，也会让人浑身战栗，暗暗为猫鼬捏一把汗。除了细节（如"红如火炭"的小眼睛），我觉得关键点在于动词的使用。我读完故事后，专门找出这一段，让女儿数出其中的动词，再搞清楚这些动词分别是形容谁的——以我个人的阅读与写作经验，相对而言，实词要比虚词重要。尤其是动词，一篇文章好不好，生动不生动，很可能就在动词的使用上——这就是那个著名"推敲"故事缘由的所在。再比如杜甫《登岳阳楼》里的名句"吴楚东南坼，乾坤日月浮"，一"坼"字，让我们仿佛亲历造湖运动，"吴"和"楚"就像两个小板块一样持续开裂，而一"浮"字，写出了开天辟地的洪荒感。就这两个动词，写尽了洞庭湖的开阔和气势，真是笔力万钧！

根据我这半年跟踪女儿的语文学习情况来看，我们的教育似乎更偏重让孩子使用虚词，尤其是形容词。比如女儿的老师发了一套期末复习资料，里面就有各种所谓"好词好句"，诸如"弯弯的月儿、尖尖的草芽、雪白的浪花、彩色的项链、快活的小鸟"等——除了人云亦云、模糊泛泛，我看不出来这些"好词好句"究竟好在哪里，即便标准降低到用一个小学一年级小朋友的词汇量来对其进行考量。听说其他学校的语文老师还会要求孩子们背诵这些学以致用，在我看来这尤其要不得。通过使用这些陈词滥调，小朋友们看似能写出一篇有模有样的作文，但他为此付出的代价是可能从此再也无法真正"看"见、"听"见、"嗅"到，以及触摸这些活生生的事物，无论是在文字世界，还是现实世界。

　　培养孩子使用实词，尤其是动词，可能会对此产生一定的抗性：形容词描述的状态大部分比较"静态""稳定"。但动词不会，它天生会带着"动感"：就拿很平常的，夜晚星星的闪光来举例子，我们来尝试着读读特朗斯特罗姆的"能听见橡树上空的星宿／在厩中跺脚"（《风暴》），那种北极地区带着寒意的星光闪烁，犹如一些天马，在厩中跃跃欲试地跺脚，一脱而发。

　　同时，相比形容词总是"围绕"着要描写的事物兜圈子，动词有一种"附体"效应，你在给一个事物配一个动作时，是有"身体感"的。就好像你"附体"在其上，代替它行动。如果动词足够恰当，那么这些事物就会像匹诺曹一样被赋予了生命。来看看

《丛林之书》中另一篇《大象的图梅》，其中有一只面儿都没露的野猪："树干间的黑暗中还有野猪的动静——它一边用鼻子嗅探，一边奋力拱着暖和的湿土。"这只隐隐约约的野猪在故事里从此再也没出现过，纯粹的一个酱油角色，但它"扎根儿"般定在那个场景里，永远地"嗅探"和"拱"下去。

还有，有经验的写作者一般会把一句话的重音放在动词上，类似猫鼬与眼镜蛇战斗这种有多个动作、使用多个动词的段落，很容易形成一种天然的节奏感——这点我相信在英文原文里会相当明显。不过在汉语里有着更加精彩的例证，比如选入教材的庄子的《庖丁解牛》中的这段："庖丁为文惠君解牛，手之所触，肩之所倚，足之所履，膝之所踦，砉然向然，奏刀騞然，莫不中音。合于《桑林》之舞，乃中《经首》之会。"（《庄子·养生主》）不但内容，读起来都有一种飘飘然的舞步感。

最后，顶级的写作大师们会通过最平常的动作，使用最不起眼儿的动词，表达出内涵丰富乃至近乎神秘的意味。比如大家耳熟能详的鲁迅的《孔乙己》，孔乙己在众人的嘲笑声中"排"出九文大钱，和彻底落魄后从破衣袋里"摸"出四文钱，前者屈辱中强争面子，后者已彻底沦丧，濒于消亡。在贝克特的名篇《等待戈多》的开头，有这样的旁白："埃斯特拉贡坐在一块石头上，想脱下鞋子，他用两只手使劲地拽，累得直喘气。他筋疲力尽地停下来，一边喘气，一边休息，随后又开始脱鞋。同样的动作。"

一个简单的动作"脱鞋"，因为文本的诡异氛围，具有了哲学的神秘感，成为在人生中击溃我们的种种障碍物的隐喻。

说了一大堆，无非一个目的：如果有人询问如何开始学习写作，我会说，很简单，试着从恰当使用一个动词开始。

我的自画像

插画 / 王之月

画漫画与学习叙述

——与女儿读《童蒙教草》·一

　　《童蒙教草》*是日本明治时期教育家福泽谕吉关于儿童启蒙教育的小册子。考虑到日本明治时期"全盘西化"的时代氛围，以及作者本人强烈的脱亚入欧思想，实际上这本小册子的时代局限性是非常强的，其价值观念，如今读来已显得刻板和教条。在写法上，这算是"读者体""文摘体"的上古亲戚，用"故事会"写就的儿童教育畅销书。这些故事良莠不齐，有些改编自经典文学作品（如《伊索寓言》），有些就出处不详且错漏百出。比如《首领的秘密计划》，是关于希腊雅典著名领袖地米斯托克利的，我不记得《伯罗奔尼撒战争史》里是否有这个情节，不过我可以百分之百肯定，当时的雅典是没有女王的。

　　我从这本书里选了几个故事，讲给女儿听，昨天讲的是《机智的印第安人》：

　　　　印第安人回到自己的小木屋，发现自己挂起来风干的鹿肉不见了。仔细观察了现场后，他开始追踪小偷，一直追进了森林。

路上，他遇见了几个人，便去询问他们是否看见了一个上了年纪的小个子白人，带着短枪，身边跟着一只短尾狗。他们都说看见了。这名印第安人告诉路人，刚刚描述的这个人偷了自己的鹿肉。路人们都想知道对于从未谋面的小偷，印第安人为什么能了解得这么详细透彻。

印第安人回答说："我知道这名窃贼个子很矮，因为我把鹿肉挂得很高，窃贼为了取下鹿肉，脚下铺了一堆石头垫脚。我知道窃贼是个老人，因为我追踪窃贼，走到森林，看到落叶上脚步的时候，发现他的步伐很小。窃贼是个白人，因为窃贼走路的时候脚掌向外倾斜，而印第安人从不会这样走路。我知道他的枪短，因为他倚靠树皮的时候，枪套在上面留下了印记。通过脚印我还知道他身边的狗是只小狗，因为他取下鹿肉的时候，他的狗在一旁坐着，地面的灰尘留下了印记。"

我选择这个故事有两个目的：一是教她如何来讲故事，或更专业点儿的说法，如何叙述。二是教她理解细节的重要性。

我采用的方法是我先讲故事，然后让女儿按照自己的理解，再把这个故事画下来——因为她会写的字不多，而拼音又太烦琐，所以把事情画下来是我在和她互动时经常采用的办法，比如每次出去玩，我都会让她带上她的"旅行纪念册"，把每一天里她印象最深的事儿画下来，并记录日期和地点。

我讲完故事，和她解释了下"印第安人"以及"枪套"这两个她比较陌生的名词。我曾给她买过一套图解百科书，其中一册有一页是关于印第安人的，正好拿出来，让她有一个更直观的印象。

　　我和她说了要求，她很兴奋，问我是不是要画成一格格的漫画那种？我说可以啊，于是她心很大地找来一张 A3 纸，在上面打了二十个格子——天知道，等下她怎样把这些格子填满。

　　在一阵忙乱与长时间的沉寂之后，于是就有了下面这幅作品：

　　这画我挺满意，她注意到了细节的重要性，比如她用了四格漫画分别表现：鹿肉下垫着的石头；一个人拄着拐杖→老人→所

以步幅很小；枪套很短，她按照我的描述想象着画了一个枪套；一只摇尾巴的小狗。她漏画了印第安人走路的方式，我想这可能是我们都没见过印第安人走路，比较抽象。这四个细节正是故事里机智的印第安人推理进而得出结论的四个关键点，说明她明白这些细节的重要作用，也正是按这个规划了她的漫画。而且她还注意到了一些故事没直接表达出来的细节，比如这位机智的印第安人遇见的那"几个人"。我觉得她把他们理解为印第安人就非常合理，如果是白人，下面印第安人解释的话，说起来就有些违和。还有故事里没有的细节，比如，上面提到的一根拐杖，一匹用于追踪的马，以及她刚刚从另外一本书上看到的，典型的印第安人样式的帐篷，羽毛头饰和服饰。在我看来，这些细节比原版故事只使用一个符号化的"印第安人"要精彩太多，它让一个文摘故事有了蜕变成文学作品的可能。

在画了几幅后，她终于发现自己给自己挖下了一个大坑——为了填满空白的格子，她还画了土匪、牛仔、四轮马车、晒肉和帐篷，这当然和她作为参考阅读的那本历史画册有关，但不经意地，她用这些为这个故事创造了一个相当妥帖的时代氛围。

当然也有未达预期目的的，比如，我之所以觉得这个故事值得一讲，除了好玩，还因为它实际上是一篇微缩版的侦探小说。侦探小说可能是为数不多，高度强调细节与结构（尽管相当套路）的通俗文学，读读这类小说，对于理解叙述技巧很有帮助。

用这个角度来读，这篇看似简单的小故事其实可以分析出一大堆叙述技巧：比如我们都知道，按部就班来讲的故事，通常是比较乏味的——但这是小朋友们一般会选择的方式，比如，童话故事都会以"从前……"开始，即便这个"从前"实际上只是三五年前，或根本就是一个虚构，但它不可或缺，它把听众"抓"到了故事的世界里。我女儿在她的第一格里画了一个白人去偷肉，这是她理解的故事生成与发展的方式，有人偷肉→发现肉丢了→找肉，这是现实里我们对于一个事件的理解模式，但不是欣赏叙述艺术的方式。我女儿还未领悟到，提前就放"大招"，把这个结论揭示出来，将对后面的故事造成多么巨大的伤害，甚至直接杀死这个故事。

不过，我并不着急，我相信通过阅读量的增加，她自己会对此有所体悟。她使用漫画格这种方式本身就已经让我相当满足，这表明她意识到了叙述是一个流动的过程，而非孤立的，如旅行纪念册里，一个个的瞬间。

注：

* ［日］福泽谕吉：《童蒙教草》，陈文峰译，江苏凤凰文艺出版社，2018年。

对话练习游戏

——与女儿读《童蒙教草》·二

急中生智的画家助手

詹姆斯·桑希尔爵士是一位非同凡响的画家，负责绘制圣保罗大教堂的拱顶内部壁画。一天，为了观察作品的效果，詹姆斯沿着脚手架向后移动，一直移动到脚手架的边缘位置，再往后退一小步就会让他摔在下面的人行道上，粉身碎骨。这时，詹姆斯的仆人发现了危险，立即向作品扔了一罐颜料，于是詹姆斯立即冲上前去，责骂仆人的不端行为。仆人解释了原因之后，詹姆斯不知该怎么感激这位仆人，也无法表述对仆人敏捷思维的赞赏。如果仆人大声喊叫，告知危险，那么詹姆斯很可能失足摔死。唯一能拯救詹姆斯的办法是，让他自己返回安全的位置。如此，破坏画作是难得的好办法。所有这些思考，还有扔颜料动作，仆人瞬间就完成了，足以证明他的沉着冷静、足智多谋。

昨天我选了这则小故事讲给女儿听，因为这则小故事本身不错，那个扔颜料罐的行为看着有悖常理，但是那种情形下最直接、最正确的选择——这种"反转"的技巧算是现代艺术，尤其是通俗艺术里较为常用的手法之一。正因如此，这则小故事有一定的戏剧性，情节紧凑，角色的情绪激烈骤变，很有戏剧的冲突感，很适合改编成一个微型的小戏剧。

在女儿幼儿园时，老师带着她们玩过一些"角色扮演"的小游戏，比如每个小朋友都扮演一种小动物，表演"狐假虎威"的故事等。我很喜欢这种方式，我觉得它有助于孩子真正"进入"故事，设身处地理解故事中人物的情感与思想，这种方法也将是她之后阅读文学作品的主要方式之一。

同时，戏剧主要是通过角色之间的对话推动情节发展的，所以它特别讲究对话技巧，这和我们日常说话还是有一定区别的，我们日常用语可能不会这么简练、精辟，也不会附着这么多的情感因素（也可能只是表演成分），所以它就涉及一个对小朋友特别有用的技能，如何组织自己的语言，从而正确、有效地表达自己的意愿。

孩子的语言通常是非常直接的——有一天我去女儿的学校值日，有一个其他班级的小男生跑到我面前：

他："叔叔，你是干什么的呀？"

我："我是值日家长啊。"（我指了指脖子上挂着的牌子）

他："那你为什么刚才在我们班门口站着？"

这个问题让我联想起革命老片中敌特分子被眼睛雪亮的人民

群众质问的情形。我猜，他的本意只是想问我在他们班门口站着看什么——我当时在看他们班级的墙报。

有时，孩子的语言也很"狡猾"，比如女儿想让我买某种我不太愿意买给她的零食时，她就会拿她弟弟当幌子，假模假样地问她弟弟："弟弟，你想要吗？"当她想和我说一些我不太感兴趣的话时，她会说"爸爸"，停顿片刻，观察我的反应，如果我没有反应，就会附加一句"我跟你说"——作为一名有洁癖的文字爱好者，我特别讨厌这种遮遮掩掩、啰里吧唆的表达方式，每次都要严正警告，而她却屡教不改。

今天的游戏内容是在我读完故事后，由女儿来想三句话，分别是：画家在发现仆人破坏他的画后，会说什么？仆人面对主人的斥责会如何表现，会说什么？画家在得知真相后，又会如何赞扬仆人？最后是把这三句话连起来，形成一个对话。

不一会儿，女儿就笑吟吟地对我说："爸爸，我想应该是'你为什么要向我的画扔颜料'。"

我说："不对。"

她问："为什么？"

我说："来，现在你是那个仆人，我是画家。我现在在脚手架上一边看画，一边往后退……"

女儿很配合地做了一个扔的动作——

"你干什么！"我声音很大地咆哮起来，不但女儿愣了下，啃着苹果、正在饭厅四处游走的弟弟都差点跌倒。

我问女儿是否明白，她有些懂了似的点点头。我说你想象下，愤怒的野牛会怎么样？她说鼻子会喷火，我说好，就是这样，还记得《疯狂动物城》里牛局长发火的样子吗？她说记得，我说现在再演一遍，我现在是那个仆人，你是那个画家——

"不许碰！"她努力提高了声音的分贝，但声音里依然有一丝怯懦，她还是没有完全放开。我说，你想象下，比如你弟弟又把你的书给撕了，或是开始翻你的书包，玩你的笔袋……

"不许碰！"还是这三个字，但声音里没有了那丝颤巍巍的怯懦。

"很好，那下一句呢？"她想了想，带着点委屈的腔调（这让我很满意），说："如果我不扔罐子，你就掉下去了呀，主人……"我想了下，说可以，但是不够好，因为在那个瞬间，在画家暴怒的时候，他很可能是没有机会说这么长的一个句子解释的，他还没说完，就已经被揍了……

那"主人，你要掉下去了！"呢？我想了下，说比上次好些。我也和她说了我的想法：在那一瞬间，我会先跑到脚手架那里，指着他的边缘。因为这可能是最有效、最直接让别人明白自己想法的方式。

那最后一句呢？她用拼音写下了："谢谢！办法真好！"考虑到她的词汇量，我基本满意。

教孩子有很多途径，吃货属性也大有可为

——与女儿读汪曾祺·一

随着时间的推移，篇幅短小的诗歌渐渐不能满足女儿的胃口，她开始对一些比较长、有情节的文字感兴趣——但是小说又实在太长了，女儿业余时间有限，而且小朋友的专注力很难保持那么长时间，于是，我找了些散文来和她一起读。

散文里，我首先想到的就是汪曾祺。原因有三，一是汪老先生一生最美好的时光是在云南度过的，因为这，他写了不少有关昆明、云南的文字。由身边熟悉的事物出发，一直是我心仪的进入文学世界的途径。这让文学显得不那么高远、抽象、虚幻，变得踏实且平易，从一开始，就和我们的生活息息相关起来。我觉得这对女儿写作以及认识文学是比较有帮助的。二是女儿和汪老先生都具有吃货属性，汪老先生写了不老少关于吃的篇目，女儿对这类文字天然没有抵抗力，很容易抓住她极易分散的注意力。三来，这可能是我个人的一点偏见，不一定对，我觉得汪曾祺说"最好的文学作品是童话"这一点并非戏言，他确实是这样来身体力行的，他的文字，包括他老师沈从文的作品，都是在重构一

个童心未泯的童话世界——只是他的老师选择了湘西、边城，而他则"大隐隐于世"，把市井生活写出了童话的光泽，同时，也让童话有了些人间的烟火气。

第一天读，我选了《昆明食菌》《手把肉》《五味》《四方食事》这几篇美食文章——效果出奇地好，女儿一边听，一边还和我津津有味地讨论——孩子在这点上和成人不大一样，她们喜欢什么是藏不住的，听到点儿自己喜欢的，恨不得马上和你一起分享她的感受、快乐或回忆，简直是一刻都等不得，所以给她读文章，我经常会中断，和她交流交流，再继续。手把肉，她是很有发言权的，因为吃过。而文中提到的奶皮子、奶油（我们叫嚼克）、奶茶，她也都一一品尝过。特别是奶茶，我们家几乎每日都要熬上一锅，只是川字牌的砖茶换成了普洱，大块、粗糙的青盐变成了精盐面儿，所以熬出的奶茶多了几分南方的温润，略少了些许北地的粗犷。但于我，暖肠胃、慰乡情，足矣。所以一读到"但喝惯了会上瘾的（蒙古人一天也离不开奶茶。很多人早起不吃东西，喝两碗奶茶就去放羊。）"时，她就变得乐不可支，说，这不就是说的你和妈妈吗？两个喝奶茶上瘾的人！我点点头，继续往下讲，特别提醒她注意汪老先生是怎样轻描淡写，仿佛随意唠着家常、扯着闲篇儿就把一篇文章给写成了。我还特地从网上找了几篇介绍手把肉、奶茶一类的科普文字，来和汪先生写的对着看——两者比较，高下立判，我女儿都会用脚投票，选汪老先生。我给她略讲了讲，这些科普文字固然有其价值，但价值有限，所谓的知识，如果不能融入我们的生活、生命，它们永远只是"一次性"的，就像我们用的一次性餐具，用过即丢。唯有那些曾和我们的生活擦出过火花的，才更有价值，让人流连忘返。汪老先生写美食，并不限于美食，而是融入了他自己的生命体验，所以听来又有趣，又动人，这是值得我们为之努力的写作方向。

第二天，我选了《白马庙》《求雨》《翠湖心影》《昆明的雨》这几篇。这些篇目里写的，依然是环绕在我们周围的事物。特别是《白马庙》这篇，里面写到的"白马庙"就在我家附近。在汪曾祺那个年代，我们家这一片还是正儿八经的农村田地，算是离开昆明城的郊区。而如今，不到百年，可谓沧海桑田，虽然这个"白马庙"历经数次翻修重建，现在依然栖身于闹市的一角，文中提到的大观河也还在它不远处缓缓流淌，但城市早已今非昔比，面目全非了。同样的变化也发生在翠湖，除了种起了荷花，飞来了海鸥，最大的变化怕是翠湖彻底变身成了一个普普通通的城市公园，除了陪外地慕名而来的朋友们走上一遭，我实在找不出去拜访它的理由——一来是人多，里面熙熙攘攘，几乎比肩闹市；二来是吵，从早到晚，吹拉弹唱、跳广场舞的、买卖吆喝的声音不绝于耳，甚至这声响都变成了翠湖的一部分：隔着湖水远远望去，那些喧嚣的声响宛如尘土，笼着一座岛般的翠湖公园。但从汪曾祺的文字里，我们可以读出另一个翠湖，或是一瞥翠湖曾经的样貌，一个明爽安静的翠湖。这里面固然有实写，更多的，我想怕是汪老先生自己放不下的回忆与执念——在记忆里，事物总比现实中美好一些。我特别给女儿讲了这点，这并不仅仅是虚构，为了让文字漂亮、美好一些，更多的，是因为它负载着我们的期望与回忆，让我们由此找寻到一点寄托、一些安慰。几篇文章读后，我和女儿一起来梳理汪老先生写过的事物如今都变成了什么样——这就有了一点纵深感，有了些历史意识：如今在我们身边的事物并不天经地义就是如此这般的，它有一个逐渐变化的过程。我们还可以进一步看看，变化的是哪些，而历经时间洗礼，留下的又是些什么。经过指点，女儿仿佛猜出了一个谜般恍然大悟：

"哦，爸爸！原来我们觉得很坚固的那些楼房啊、城墙啊都变了，但是这个吃烤饵块没变！昆明人还是那么爱吃！"我说你说得好，这个对人类来说，就是更为坚固的东西。

何为"贴着写"

——与女儿读汪曾祺·二

女儿这些天来对汪曾祺的兴趣与日俱增，我乘着她的兴致又给她选了一些更复杂的作品来读。

有段时间，大概是研一，我几乎遍借了云大图书馆里汪曾祺的书，通宵达旦地读。我特别喜欢他那些描写传统手工业、小商小贩的文字，真是活灵活现又趣味盎然，让人欲罢不能：一个摆在街边的卤煮摊儿（《异禀》），经他那么一点拨，每件物事都有了些不为外人道的讲究和说法，即便是那些肥头鼓脑、浓油赤酱的卤货，经汪老先生娓娓道来，也俨然笼上了艺术品的光晕。我一直觉得，唯有自己真正喜欢的，才是值得讲给小朋友们的。所以我特别挑出当年就非常喜欢，又不超出小朋友理解范畴的《鸡鸭名家》和《鉴赏家》两篇来读。

这两篇，首先都很有趣，比如关于过去人们是如何批量孵化小鸡的——现在城里的小孩见过、吃过鸡蛋，也吃过鸡肉加工的各种食品，但见活鸡的机会不是很多，能亲见由一枚蛋发育成一只鸡的小朋友，怕是凤毛麟角了。这些知识，科普绘本里会讲，但远不如汪老先生写得这么活色生香，也不如汪老先生讲得有趣：原来仅仅选蛋就那么多讲究，需要那么多程序，我们吃的鸡蛋也并非全然一样，按照"头照""下炕""二照""上床"……这一套工艺层层遴选，只有合格的鸡蛋，才有变为小鸡的可能。这一段特别精彩，读来仿佛就是在看一本连幅成册的科普绘本——而且，绘本是不大可能把人物装进去的，也无法展现那种由层层铺垫而层层递进的氛围烘托。读到小鸡出壳前的那一刻，我能感觉女儿也在为那些小鸡捏着一把汗，直到毛蓬蓬的小鸡啄壳而出，她那颗悬着的心才落了地。

二来我觉得这两篇小说都隐含着一种价值观：求"真"与贵"真"。两篇小说里展现的"神乎其技"，除了个人天赋异禀，最关键的，实际上都有一个"真"字。《鸡鸭名家》中"陆鸭"的本领源自自己细致的观察和长期积累的经验，《鉴赏家》一篇更是如此：名画家季匋民深居简出，因为怕遇人，更怕遇名士，尤怕遇名士而与之谈画——这些个名士醉翁之意不在酒，高谈阔论，无非是借以卖弄自己的高雅博学（这类人似乎越来越多了）。季匋民的知音是水果小贩叶三，叶三不懂那些高大上的理论，他看画的方式和孩子们看画的方式有点类似，是"裸眼"直观，而就因为这样，他的"看"带着孩子天真，也有了几分孩子的童趣——从凌乱的紫藤花中发现风的玄机，从老鼠尾巴卷到灯台柱，读出小老鼠的顽皮。而这，正和画家心有灵犀一点通，原来，在这位大画家的内心深处，也同样住着一位天真未凿的孩童。当然，这并不一定说明叶三有多么高明，但至少他不会自欺欺人，在艺术面前，不懂与无知并不可怕，真正可怕的是不懂装懂和似是而非。读到这儿，我捎带给女儿讲了讲在艺术欣赏时为什么要强调"真"——雷蒙德·卡佛有一篇很出名的小说叫《大教堂》，里面有一个好奇心深重的盲人，他看不见却什么都好奇，什么都想知道。有一天，主人公和他一起看电视（天知道一个盲人看什么电视……），里面出现了大教堂，盲人又好奇了，问大教堂是什么样子的？主人公正在踌躇如何给一个盲人描述教堂，盲人提议，让他来画，盲人把手放在他的手上，顺着他的笔触，盲人就能在脑中勾勒出教堂的样貌——我觉得在艺术创造面前，作为一名读者、观众，我们就是那个盲人。不要以为我们能看、能听，实际上，我们能看、能听的相当有限，很多东西，不经由艺术家的指点，我们视而不见、听而不闻。艺术家就是那只画画的手，借由它，让我们"看"到世界的真实或虚幻、美丽或杂芜，也由此，"看"到我们自己，认识我们自己。真诚地面对艺术，其实就是真诚地面对我们自己。

最后，来和女儿聊聊如何写作文，比如如何写人物——某天，我无意点开手机上的一个推送广告，内容是教孩子如何快速提升作文能力——里面言之凿凿地将作文分门别类，其中"人物"一栏又划分为"外貌描写""心理描写""动作描写""语言描写"等。

写作文变成了植物分类学，或是去中药铺抓药，仿佛只要按照他提供的药方，从以上药柜里抓出几味药，搅和搅和掺和掺和就能包治百病。这方法有没有效我不知道，但我知道这是机器人写作文的办法，正常的人是不应该这样写的。写人物的方法千千万，重点是按照你的方式来写，写出你想要的效果，其他人的，仅只作为一个参考，帮助你打开思路。当然，好与坏、优与劣的标准还是有的，只是这些标准并不唯一。回到汪老先生的写作，我觉得他在人物描写上的简洁与克制值得学习，他写人物，有的是走"写意"的路数，抓的是人物的"神韵""气韵"，像是中国传统文人画，寥寥数笔，言有尽而意无穷。比如这些个手工业者、小商小贩，虽然职业都挺"卑贱"，都是些市井小民、下里巴人，但气质、格调绝非鸡鸣狗盗、引车卖浆者之流，很有些士人乃至侠客的味道，即便塞进《史记》《世说新语》里也不会显得突兀。也有一些，是按照他的老师沈从文"贴着写"的方式写就的，比如，我前几天给女儿讲的《老鲁》和《文嫂》里面的文字，特别是语言，有些直接用云南的方言，和这些人物自身的情况紧密地结合在了一起——总之，没有最好的方式，只有最合适的方式。

第五章

陪女儿写，陪她探索万物

我在动物园里一个有很多洞洞的沙池里看见了细尾獴。一只细尾獴像人一样站起来，其他的细尾獴也学着它站了起来，就像在玩"一二三、木头人"一样。如果一只动了或者换了动作，其他细尾獴也动，也换动作。

女儿写诗

昨天下午接了女儿，在车上她突然很严肃地对我说："爸爸，我写了一首诗，我念给你听听！"于是，她从书包里掏出一张折叠起来的纸，很认真地朗读了起来：

云南

云南有长江，
长江长又长。
云南有青山，
青山青又青。
云南有桃红，
桃红红又红。
美丽的云南我的家。

她读完了，问我写的怎么样，我说还行。从我略显敷衍的态度，她觉察出我并不很喜欢她的诗，于是就有些不高兴，嘟囔说她费了好大的劲儿，而且还是她的好朋友帮她写出来的……

我就问她，为什么要写"我爱云南"，云南是什么你清楚吗？

她想了下，说云南，就是一大块地方，就是我们在的地方。还说她们班的小朋友有好多都写云南的——我说这是老师要求的吗？她说不是，说还有小朋友写了长江、长城、中国什么的。

我说："你看，云南是一大块地方，但我们在的这里仅仅是它其中的一小块，还有很多很多你没到过也没见过的地方呢，那云南是什么你就不是很清楚，对不对？而且长江你也没见过，是吧？那它长又长你又是怎么知道的呢？"她觉察出有些不对，但挺不服气，觉得其他小朋友都这么写，老师也是这么辅导的……

我告诉她，写诗最重要的，首先是要对自己诚实。如果对自己都不诚实，那你写出来的东西就没有多少价值。云南，你不是很清楚，那你想一想，云南的什么，是你见过和了解的？

她想了下，问我滇池算吗？我家就在滇池边上，上周末还带她和她弟弟去滇池边上喂了海鸥，这个她的确比较了解。我说可以，而且你还去过大理，洱海也去了好几次，那不行你就写写云南的湖？

她说好啊好啊——我爱云南的湖——说了一句，她卡壳了，我想她一定在搜肠刮肚，想着把她学过的，一年级上册语文课本里的生词都调用起来，想着如何才能用这有限的词语表达她自己有些陌生的情感。

我说，写诗很简单，就是写你真实的感受。有一位很厉害的诗人，他写过这样一首诗：

就那么一说 *

［美］威廉·卡洛斯·威廉斯

我已经吃了
那些李子
就是冰箱里的
那些

原先
你大概是想
留着
作早餐吧

请原谅我
它们好吃极了
那么甜
又那么凉

（罗池 译）

她说啊？这也能叫诗啊？我说当然可以，诗歌就应该写自己
最直接、真实的体验，你能想象到那些冰箱里冰过、甜甜凉凉的
李子吗？她想了下，说可以。我说那就是了，这就是一首很好的
诗。她说这也太简单，太短了吧……

我说还有更短的呢，比如只有一句话的这种：古池旁，扑通，青蛙跳入水音响。（松尾芭蕉）

她开始笑，一只青蛙呱呱，这都行啊？我说当然可以了，还有更短的呢！只有一个字，《生活》：网。（北岛）"这也行啊？"她有些似懂非懂，接着又犹豫地说，"老师要求至少七句话……"

我说可以啊，那你就多写喽，比如湖给你的第一印象是什么？她说蓝蓝的，我说很好，那你的第一句就写，我爱云南蓝蓝的湖。

"那接下来？"她还是卡住了。我想了下，说："有一位很了不起的诗人（聂鲁达），他曾经说过，写诗非常简单，就是找到一个好的比喻。你可以想象下，你看到过的湖像什么？"

"它像一个大碗！"女儿很快就回答。我说："哦，那你能给我说说它为什么像一个大碗？碗里都有些什么啊？"

"它是圆圆的，里面有鱼和虾。"——我接着又问她，"那它像碗，谁用它来吃东西啊？"她琢磨了一会儿，说是巨人和神仙——我说可以，但不够好，因为这太容易了，写诗要有些出人意料的东西——她又想了下，问我旁边的山可以吗？我说这个就好很多，可以的。再想想，湖还像什么？

"它还像一个浴缸，天气热的时候，鱼和石头在里面洗澡！"她已经预判了我会问她为什么，提前给出了答案。我猜这个想象和我们上次去洱海，中午时在南诏风情岛水边玩水有些关系——那天天气很热，顺着湖望，前方水汽云蒸霞蔚，看着很像是浴缸的感觉，而水边那些随着波浪隐现的大块鹅卵石也一定给她留下比较深刻的印象。我想了想，说鱼也太容易了，能不能换一换呀？她说岛可以吗？我想了下，说行。可以继续想吗？

这下就有点难了，她绞尽了脑汁，先后说了像盘子、像草原、像一个苹果等。每一个我都问了她为什么，从她的回答里，我发现这些比喻都来源于她对湖的形状的想象。我说你可以尝试着换换角度，不要总是去想象它的形状，你可以回忆和想象下湖水的颜色，湖水摸上去的感觉、听上去的感觉，湖水边上都有些什么，湖水在远处看和近处看，有什么不同。看她有些蒙，我又给她读了下我自己几年前写的关于湖水（洱海）的一小段：

看太阳挥出无数条闪电的臂膀劈开湖面
看细小的银鱼如被折断在水里的阳光般游走
看点点湖光像闪光灯，把我的影像存到湖底

我问她我写的是什么啊，她说是湖面的闪光，我说对了，你也可以尝试着想想，湖水的不同样子，比如湖水在白天和晚上看起来是一样的吗？

她仿佛突然领悟到什么，说，湖水白天像蓝莓，因为它很蓝，晚上像桑葚，因为它很黑！

我愣了下，说实话，我超喜欢这两个比喻，它们超出了女儿给出的答案。除了色彩，还有些无法把握的东西在里面——我能联想到的就有蓝莓表皮的白霜和近看湖水时那层似有似无的白色表层，蓝色的釉质感，蓝莓内部的浅绿和湖水深处的浅绿；桑葚黝黑却闪亮的感觉，浓郁的汁水和夜晚湖水凝滞，轻微荡漾冲刷岸边泥沙的声音，还有水果的滋味……

在晚上，我帮着她把她的诗整理了下，就有了下面这首《我爱云南的湖》：

我爱云南的湖

我爱云南蓝蓝的湖，
它们像大的碗，
山和树围在它旁边吃饭。
我爱云南暖暖的湖，
它们像浴缸，
石头和岛在里面泡澡。
我爱云南彩色的湖，
白天它像蓝莓，
晚上它像桑葚。

注：
* 引自网络 https://www.douban.com/not/227445622/。

枫叶写诗

周五下午，女儿和我说老师留了作业，要按照《青蛙写诗》的样子，写一首诗。《青蛙写诗》是人教版一年级上册语文课本里的一篇课文，写的是下雨了，青蛙说要写诗啦，于是小蝌蚪给他当小逗号，池塘里的水泡泡给他当小句号，荷叶上的一串水珠要给他当省略号……

这篇课文，我个人觉得只能算差强人意。这又是成人敷上儿童霜，故作稚嫩天真之语。这种方式低估了孩子的认知能力，我不觉得一个六周岁的孩子会分不清标点符号的形态——要讲标点符号，重点应该放在标点符号的意义与使用上。最简单的，比如一个句子，"小狗"，加上不同的标点会呈现出不同的语气，意思也完全不同。它唯一的亮点可能是可以逗小朋友们乐——嘲笑一只无辜的青蛙。

所以，老师将这篇文章作为范文，要求小朋友们仿写，我觉得没多少意思。但作为家庭作业，又是必须完成的。

女儿按照老师的要求，自己写出来是这个样子的：

枫叶写诗

一阵秋风把一片金色的枫叶吹下来。他说："我要写诗了。"

蜗牛说："我要给你当个小逗号。"

小瓢虫说："我给你当个小句号。"

一群蚂蚁说："我们可以当省略号。"

枫叶的诗写成了：

"沙沙，沙沙，

沙啦啦，沙啦啦。

沙沙，沙沙

沙啦啦……"

昨天我带着她和她弟弟在滇池南岸玩了一天的沙，累得半死，从上车睡到家里。今天她又去小区外溜了半天旱冰，等下午回家，她才终于想起还有这样一件事，要我检查——这种仿写我当然是不认同的，因为写作者是一个机器、一个程序，而不是一个人。但如何让她自己发现并认识到问题，且心悦诚服地接受呢？

其实从周五起，我就一直在琢磨这事儿。寻找真正优秀的范文进行比较，当然是最直接、最有效的方法。我的第一反应是帕乌斯托夫斯基的《金蔷薇》，我记得里面有一篇故事是关于标点的。但我在故纸堆里翻了小半天，无觅踪影，只好放弃。正在一筹莫展之际，她说晚上要我讲《意大利童话》，这给了我灵感。

我说那我们先讲故事吧，讲完故事再来检查你的作业。

我故意找了前些天讲过的《睡女王》这篇：作为童话故事的重要套路之一，老国王至少要有三个儿子，根据先知的指点，三个儿子先后出发，去睡女王的国度寻找治愈父亲眼疾的神药。其中，老大和老二因为相似的原因，滞留在中途的一个岛上。最小的儿子（通常是这类童话的男主），没有因循两位哥哥的做法，历经险恶，抵达了睡女王的国度——故事当然很精彩，加上卡尔维诺的润色，一些细节漂亮得简直不像话——前往睡女王国度的大海里游动着许多体形巨硕的白熊，安德列诺（小王子）的船在"白熊的利爪中穿梭"。在睡女王产下安德列诺的孩子，整个王国苏醒后，一位码头搬运工还不忘"把货物换到另一个肩上，因为原来的那个肩膀太累了"。

我讲这个故事有两个目的：一是想让我女儿注意到这些细节，是这些细节让这篇童话熠熠生辉；二来我想利用童话中惯用的这个套路，来解释模仿与创造的问题。

故事讲完，我先问她："你觉得这个故事精彩，还是你的故事精彩？"

毫无疑问，她的回答是《睡女王》精彩。

"为什么？"她想了想，说："因为《睡女王》的故事好神奇，而自己的……好像没意思。"

我问她："你想过你的故事为什么没意思吗？"她想说什么，

183

可发现自己说不出个所以然。

我说："那是因为——好，现在我们假设《青蛙写诗》是故事中的老大，你的《枫叶写诗》是……"

我还没说完，她就明白了。她抢着说："老二！"

我说："对了，因为它们差不多完全一样。而真正精彩的故事是老三，只有那些敢于突破常规，而非简单模仿别人的故事才是好故事，对不对？你要不要写一个不一样的，老三版本的《枫叶写诗》故事？"

她点点头，可她马上明白，这并不容易——从她的眼神里，我读出她的困惑，从哪里入手呢？

我说："你看，如果要我写这个故事，我会这样写，因为蜗牛太慢了，所以枫叶写的诗总是没有逗号，'沙沙沙沙沙沙沙沙'一直不让枫叶喘气，它累坏了……"

"哦！"她明白了点什么，于是说，"我要写，因为蚂蚁太多了，所以枫叶写的诗都变成了'……………………'。"

我说："很好！继续，比如诗变成了'咔嚓，咔嚓，咔嚓嚓'，因为蜗牛饿了，它把枫叶吃了……"

她笑起来，又想了会儿，说："我要写它们的诗没写成，因为秋天来了，它们都去睡觉了。"

我说："这个还行，有没有其他的？再想想？"

她想了一会儿说："枫叶写成了'沙沙，咳咳，沙沙，咳咳'。"

她边说边模仿着咳嗽的动作，"这么写是因为，蜗牛前一天感冒了，它喉咙太疼了。"

我说："不错，再接着来！"

她想了好一会儿，说："我要写枫叶的诗没写成，因为蜗牛爬得太慢了，它总没办法到达正确的地方。蚂蚁总是到处爬，而且爬得太快，它们总是站错队，跑去最前面——她知道省略号是不能放在前面的。而小瓢虫飞来飞去飞来飞去，句子就没办法结束。"

我想了下，说："很好，就是它了，整理下，抄下来。"

女儿平时不太喜欢写字，写起来磨磨蹭蹭，因为这个没少被我"喷"。今天却不同，不但快，而且还很开心。遇到不认识的字，比如"蚂蚁"，我写下，她边照着抄，边还和我开玩笑："爸爸，蚂蚁是不是昆虫中的马啊？"我说："那当然，昆虫里的骑士们都要骑蚂蚁的。"她咯咯地笑，问我："爸爸，双引号是不是放在一句话的两边，前面是小6后面是小9？"我说当然，看来，她无师自通，明白了双引号。在开始抄她自创的那段时，她还自说自话地说了句："搞笑片儿开始了！"

最后是结尾，她开始想的是"枫叶气坏了"，我说："再想想？"她说"枫叶气疯了"，我鼓励她："比上个好，要不要再想想？"她想了会儿说，"枫叶的脸都气红了"。我喜欢这个结尾，说就它了。于是就有了这篇改过的作业：

枫叶写诗

一阵秋风把一片金黄的枫叶吹下来。他说："我要写诗了。"

蜗牛说："我可以当小逗号。"小瓢虫说："我可以当小句号。"一群蚂蚁说："我们可以当省略号。"

可是，蚂蚁跑得太快了，小瓢虫飞跑了，蜗牛太慢了，没爬到地点。

枫叶气得脸都红了。

一幅画与《一幅画》

女儿酷爱画画，假期我给她报了一个绘画班去学油画。于是，每天傍晚，当我去接她时，她都像一个刚刚从采掘一线下来的小矿工，带着一身黑漆漆的衣裤，张着油渍渍的双手冲过来拥抱我。今天，她带了前几天画好的画回家。我灵机一动，让她以某一幅画为主题，写"每日一句"。

这个"每日一句"本来是她们语文老师布置的日常练习，女儿的语文期末成绩还可以，老师免除了她的假期作业。但我还是要求她坚持写"每日一句"，并且渐渐加大篇幅，由一句变为多句，实际上成了写假期日记。

小姑娘越写越溜，但也越写越套路，其中大约有一半和"今天我吃了什么"有关，好不容易有篇不是关于今天吃什么的，一看却是让我欲哭无泪的"今天爸爸买了两大袋菜回家，有青椒、茄子、黄瓜、土豆，还有水果和肉，爸爸好辛苦"！

这些裹着浓油赤酱的文字虽然相当接地气，但也实在过于单一。我仔细想了下，这事儿不能怪孩子，可能是我平时传递给她的信息和观念暗示了她。再加上更重要的一点，孩子写记叙性文字是比较容易上手的，只需把脑子里记忆的内容按照时间的先后顺序，用文字"翻译"一遍即可。这么写，容易写"滑"掉，所以我偏偏要给她加些难度，在这顺滑里设置一些障碍。

比如今天我想到的写一幅画，实际上就是让她来练练描写，如果说衡量叙述性内容的关键词是节奏，那么描写的关键则在生动，在于赋予一个"瞬间"以生命和无限，在于画龙点睛的那寥寥数笔。

为了避免她写成"今天我画了一幅画，画上有……"的报菜名样式，我提前给她打了预防针——你要这样来写你的画：就好像我们全家人出去玩，很晚了我们才抵达目的地，当我们下榻酒店的时候，天已经完全黑了，什么也看不见，我们也很累了，随便洗漱下就睡了。第二天清晨，你一早起来，拉开了窗帘，眼前豁然开朗，你还推开了窗户，探出你的小脑袋，看到了你画里的风景。明白了吗？它不是一幅平面的画，而是"活"的，你要这么来写。女儿懵懂地点点头，寻思了小半天，她选了自己画的一幅干草垛。

她是这样写的：

> 油画课上我们画了草堆，有三个草堆立在开了黄花和橙花的草地上。后面有高高大大的杂草，还有高高的树木。树上有青青的树叶，草堆后面有金色的麦田，好美呀！

对于这篇，我基本满意。其中有两点，一是那个"立"用得特别好，草垛扎扎实实地"立"在文字里；二是她使用了一些方位词，前、后，她注意到了画的层次，没有把它看成平板一块，而是立体的，这说明她理解了我和她说的话。当然，有待提高的地方还很多，比如她的描写还是完全静态的，不生动；比如，只写了视觉体验，而我们在观看风景时，实际上起作用的不光是视觉，而是多种感官的综合体验。

看来我一教育她就找范文比较这个套路她已烂熟于心，看着在书橱间翻检的我，她幽幽地抱怨："肯定又比我写得好……"

以画为题的诗、文着实不少，正在我手头、且前段时间重读过的就有一首，是王志军兄的《一幅画》*：

午后，阳光因炽热扭在一起。
洋灰屋顶缩到红砖墙上，
晒化了正往下陷。
树叶凝固成一团。整个树冠——
一块焦渴的墨绿油彩，
无望地期盼着雨的到来。
而水井和推车，一对古怪的兄弟，
在篱笆墙外承受着暴晒。
前者弯弯扭扭，

后者轱辘是不规则的六边形。

村子外面，发红的土路切开了田野。
一头牛被炎热击败，
要从画面中挣脱出来。
干燥的路边，几棵杨树
好似地缝冒出来的几缕轻烟。
牵牛人细如一根火柴
点着了金黄色麦田。

左边丘陵隆起，直到远处起伏的地平线，
那些玉米地涂着一层泥浆，
同样也在闪耀。
右边一条浅溪蜷伏在河岸的臂弯。
闪闪的水光流过两棵老柳树。
一棵正要垂下身去，
另一棵，像要把它绊倒。
鸽群呼啦啦从高处旋落下来，
它们背上驮着亮光——
就像天空和大地给我们的爱，
不多也不少。

这诗比较长，我没有按照往常那样逐字逐句地讲解，而是重
点讲了几个地方，一个是有"动感"的地方，比如那两棵老柳树，

那群鸽子，我让女儿想象它们是如何在一幅画里"动"起来；二是全诗弥漫的"炎热感"，我也让女儿去想象，一幅怎么样的画，才能让我们感觉很炎热；三是"阳光因炽热扭在一起""树叶凝固成一团"这些句子里体现出的油画的质地感。

讲完后，我拿出她画的油画，让她来看看，为什么阳光会"扭"在一起，她看了自己画的白云，明白了那种"扭"实际上是油画特有的笔触感。然后我们又一起仔细观察了她画的这幅干草垛，发现了它描绘的是秋天傍晚的景象，夕阳洒在干草垛的一边，秋风在高处把树冠摇晃，把云吹动，而一些干草被吹起，散落在近处的草地上——远处是被晴岚笼罩淡蓝的山影，这个女儿不同意，她说她的老师说那是高高的杂草，我请她明天再去和老师确认一下。

看完后，我请她再写一句，要把刚才我们看画时看到的东西表现出来。她想了会儿，写了"那些树被风吹得弯弯扭扭"。我说还行，再试试？她又想了下，写了"太阳落山时，风在看着树干开会，想跑去恶作剧。"

注：
＊引自王志军：《时光之踵》，广西人民出版社，2015年。

一幅画与《一幅画》

插画 / 王之月

所谓夸张

愤怒把一个男人捣碎成很多男孩 *

[秘鲁] 巴列霍

愤怒把一个男人捣碎成很多男孩，
把一个男孩捣碎成同样多的鸟儿，
把鸟儿捣碎成一个小蛋；
穷人的愤怒
拥有一瓶油去对抗两瓶醋。

愤怒把一棵树捣碎成一片片叶子，
把叶子捣碎成大小不同的芽，
把芽捣碎成一条条清晰的沟槽；
穷人的愤怒
拥有两条河去对抗很多大海。

愤怒把好人捣碎成各种怀疑，
把怀疑捣碎成三个相同的弧，
再把弧捣碎成难以预见的坟墓；
穷人的愤怒

拥有一块铁去对抗两把匕首。

愤怒把灵魂捣碎成很多肉体，
把肉体捣碎成各不相同的器官，
再把器官捣碎成八度的思想；
穷人的愤怒
拥有一把烈火去对抗两个火山口。

（黄灿然 译）

女儿本周的写话作业老师提了一个要求，就是要使用"夸张"这一修辞手法。我先问了女儿，她们老师是如何讲"夸张"的——和我想象的差不多，前几天她们学习了古诗《望庐山瀑布》，老师在讲解"飞流直下三千尺，疑似银河落九天"时特别强调，瀑布是不可能有三千尺的，而银河也不可能从天上落下来，之所以这么写，是在现实基础上通过放大或缩小事物的形象特征，增强表达效果。

这种理解当然不错，也是对"夸张"这一修辞手法较为精准的定义——前提是如果确实存在"夸张"这一修辞手法。我个人的看法是并不存在所谓"夸张"的修辞手法。我始终觉得在文学的世界里，只有恰不恰当、准不准确的标准，然后就是作者自己的风格特征。一些表面上看来的不合理、夸张，往往反而是最合理、最准确的表达方式。我们觉得"夸张"，实际上无非是我们那点儿"现实感"在起作用。对此，我们应该保持自省，因为这"现实感"往好了说，就是电影《盗梦空间》里那只起检测作用的陀螺，往坏里说，它只是一种个人化的、根深蒂固的偏见。就拿《望庐山瀑布》里的两句诗来说，理解的重心不应该纠结于现实里的瀑布与银河孰长孰短、孰大孰小，而是应该去想象这如银河泻地般的瀑布究竟是何种样子、何种气势——这期间，隐含着比量化比对更真实的成分。在艺术欣赏领域，我谨记贡布里希的教诲：他在《艺术的故事》里强调，"欣赏伟大的艺术作品，最大的障碍就是不肯摈弃陋习和偏见"。

书归正传，我想由这一点出发，也就是所谓夸张之下真实的艺术效果来给女儿讲讲"夸张"。我先搬出《艺术的故事》，里面有两幅毕加索画的鸡，特别适合来说明问题。一张是我们通常概念里"鸡"应该长的样子；另一幅对我们日常的理解力而言，不啻为一种"挑衅"。我让女儿认真观察这幅画，说出它和我们通常理解的鸡有哪些地方不同。观察了一会儿，女儿指给我看：它的眼睛全部长在了一边，嘴巴特别大，身子特别坚硬，爪子看上去很锋利。这只怪怪的"金属"鸡，确实不像我们日常见到的鸡，形象很"夸张"，但正如贡布里希所言，"毕加索就不满足于仅仅描摹公鸡的外形，他想画出它的争强好斗，它的粗野无礼和它的愚蠢无知"。在这一点上，艺术家是多么真实、准确！

为了加深印象，我又找出巴列霍这首名诗，给女儿读了两遍。

如果按照一般"夸张"的定义，这首诗是够夸张的了，现实里也绝对不会发生，但我想只要发过怒，特别是有过那种既愤怒又无奈体验的人，一定能马上理解诗里描述的感觉——这有点像化学实验里的"还原反应"，不断暴烈地撕裂自我，以期达到一种被净化的平静。

我举的最后一个例子是我这些天在读的一本书，台湾作家童伟格《无伤时代》里的一段。这段描写的是山村停电，先一节略为"写实"：

> 停电时，所有使用中的电器，朦朦胧胧进入休止状态：灯泡熄了，但灯泡里的钨丝犹散着温和的光，风扇也继续横摆了一下头，一切都依着惯性耗尽最后一点能量。接着，声响流泻进来，从海，从山，从树林，从田地，从近前的溪沟，直到屋外纷纷错错的人声。

相当细腻，符合我们的认知，而且带着某种回忆特有的温存。但这并非作者想要传达的感觉，所以紧接着，他又写了一次不寻常的停电：

> 那一夜，在一个像是早已约束好的时刻，所有使用中的，未使用的，能响的，原本不该响的电器，都一起自内里发出一声轰然巨吼。灯泡炸开，风扇冒烟，有电视的人家电视碎裂，有电铃的大门电铃大叫不停。一片漆黑迅速

合拢，他们自屋内冲出，聚首，每个人听着整山骚乱的声浪，惶惑地看着彼此。

到这里我们才看明白，之前那一段无非是为这一段的描写进行一个铺垫，这种方式的"停电"，按照常理来看，当然是夸张了，但相比前者，它更符合人们在突然停电之际，既有生活惯性被突然打断时内心的焦躁与惶恐——我想，关于这一点，每一个沉溺于手机或电脑的成年人都无须多言而了然于心。所以，我反而觉得前一段的描写因为专注于细节具有一种"催眠"的现实感而更加致幻，倒是后一段更为"写实"一些。

相比诗歌，女儿可能更喜欢散文化的表达，又让我读了一遍停电的章节。然后，她开始咬着笔头，完成她的"夸张"写话作业。她选的题目很好玩，是写前几天我买的水果——山楂。

美味的山楂

前几天，爸爸回来时，买了一袋山楂。爸爸洗了几个，给我和弟弟吃。山楂可真酸啊，都快把我的牙给酸掉了！

这是她写的第一稿，拿给我看，我觉得的确使用了"夸张"的修辞手法，但是一来这没有体现出我今天教她的内容，二来这个夸张也实在稀松平常，只是我们日常用语的效果。所以我要求她重新想一下。不一会儿，她又跑来，读第二稿。在这一稿里，她把牙酸掉换成了舌头变绿——这个比上一个稍稍好一些，但也只是半斤八两，所以我要求她继续改。这下小姑娘开始真的动脑筋了——为了完成任务，一会跑去找绘本做参考——其中一本里有一只大猩猩被柿子涩到的图像，看来她想借鉴借鉴；一会跑到水龙头前冲洗山楂，看上去颇有实验精神——想描述吃山楂的感觉，最好要亲口尝一尝。经过一番折腾，她把舌头变绿改为了就像在吃柠檬——看来在女儿的认知里，柠檬是最最酸的存在了。我觉得女儿需要一些鼓励，我让她胆子更大一点，不要只局限在味觉体验里，写得更自由、大胆一些。于是，最终她交上来了这个：

美味的山楂

前几天，爸爸回来时，买了一袋山楂。爸爸洗了几个，给我和弟弟吃。山楂可真酸啊！刚吃下第一口的时候还甜，可过一会儿，就像有上千支笔在我的舌头上乱画，每支笔都在写一个字"酸"，这就使我感觉非常酸。

注：
*引自［秘鲁］巴列霍：《巴列霍诗选》，黄灿然译，华夏出版社，2007 年。

一只双面鸟

一只鸟[*]

[美]艾米莉·狄金森

一只鸟落到小径上，
不知道我看见了他；
一口将蚯蚓啄为两段
将它生吃，吞下。
然后，他喝一口身边
草丛中的露珠，
蹦跳着侧身来到墙根
给金龟子让路。

（屠岸 译）

随着观察训练的逐渐深入，我开始给女儿增加难度，这周，我开始特意让她选取不同的角度来进行观察。不过，"角度"这个词可能有些抽象，她有些不理解，同时，在辅导数学时我还发现，遑论"角度"，"角"她也不明就里，她告诉我，开始，她还以为是自己的脚丫子呢！

事情有些复杂，常规方法看来效果不会特别理想，正好，前段时间我读的科普书里有一个科学小游戏派上了用场：这个科学游戏就是"视差法"，闭上一只眼睛，找一个参照物，竖一根手指，然后换一只眼睛，手指与参照物的相对位置就会发生变化。科学家用这种方法测算距离，而我纯粹是用这个来做游戏，让我女儿明白，我们所看到的，会随着我们观察的位置和角度的变化而变化。我们前几天还一起看过一个纪录片，里面提到过马的视阈、羊的视阈等，我就顺着这个话题，给她讲角度，还让她想象下只能看灰、白两色的猫头鹰眼睛里的世界、比目鱼眼睛里的世界、长着无数复眼的蜻蜓眼睛里的世界。同一个世界，因为观察者不同、角度不同而呈现出不同的样貌。

　　这样兜了一个大圈子，她终于有些明白角度的意思。然后再具体到写作观察上来，我想起了狄金森这首小诗，就拿出来给她讲。这首诗相当可爱，但不是我们当代文化里那种"萌""憨""很傻很天真"、单一线性的可爱，而是一种"复合型"、多层次的可爱。这只"双面鸟"前一秒还在扮演一个残暴、嗜杀的刽子手，一转眼的工夫，忽然成了一位风度翩翩的绅士。这一过程并不虚伪、矫饰，非但不是伪君子与两面派的伎俩，恰恰是这只鸟的本色：它必然聪明，也很狡黠，乃至有一丝丝邪恶，但绝不伪善，坦然并自足，像是一个自由自在的精灵。我想，睿智且含蓄的狄金森可能在用这样的小诗教导我们，鸟本如此，无论啄杀蚯蚓，还是与金龟子嬉戏玩闹，都是其本性。唯有我们这些自扰的庸人，才会强行赋予这些行为以不同的意义。

当然，无论写和读，发现这些都有赖于我们能够转化自己观察的角度——实际上，如果没有外部的刺激，我们通常所看到的，其实都只是我们所希望看到的那部分。这可能是我们历经数十万年进化而习得的生存之道：去除不必要的干扰，减少不必要的能耗，化繁为简，提高效率。高效率的代价是程式化，在写作里，就是"太阳底下无新事"式的乏味与无聊，当觉得某事某物已经"就那么回事儿"时，你不妨拿它来玩一个"视差法"游戏，强迫自己换一换角度，发现那只隐藏在平淡无奇之后的双面鸟。

读完诗，我从角度转化方面大概给女儿讲了下这首诗，然后布置了这周的写话作业，题目、字数均不限，寻找一个事物或事情，从不同的角度来写两篇。女儿选择了她最为熟悉的一个事物——她弟弟。

弟弟

我弟弟很可爱，每天早晨他一起床，就拿着一个水桶戴在头上，学着《植物大战僵尸》里僵尸的样子。有时候，他也学里面的植物大喷菇，不过，他喷的不是孢子弹，而是口水。我们家可不能说"口"，也不能说"水"，更不能说"口水"两字，不然，他就会没完没了地喷口水。

弟弟

我弟弟很调皮，我买了一盒薄荷糖，弟弟把它弄翻。我屋子里的东西，弟弟把它们一个一个都拿出来，摆成一个迷宫，走来走去，搞得我很生气。

注：
引自［英］罗伯特·路易斯·斯蒂文森等：《英美儿童诗选》，屠岸译，北方文艺出版社，2018年。

迟到巫婆与颜料妖怪

　　和这个星球上几乎所有的小朋友一样，女儿做事也特别磨蹭。为这个，软硬兼施，我没少修理她，不过，收效甚微。前几天读的那本《游戏是孩子的功课》里有一段我印象深刻：台湾地区一家幼儿园并不使用"思过椅"（类似于我们教育体系中的罚站）来处罚学生，因为"虽然孩子们的身体受到了限制，可精神早已进入各种幻想之中，行为也并没有发生任何转变"，取而代之的是，她认为"耐心，和那些发生好事的故事，进入别人的游戏"则有效得多。

　　这给了我灵感。前天中午我接她去学画画时，一反常态，我不再把小闹钟推到她鼻子尖，反复唠叨兼不断加重语气的"快点快点快点快点快点"，而是反其道而行之，我告诉她"磨吧！反正迟到巫婆已经盯上你了！"

　　"迟到巫婆，我怎么没听说过？"

　　"你当然没听说过，她长着长长的白头发，戴着一顶脏兮兮的巫师帽，还有两颗巨大的板牙和一条黏黏的冰凉的长舌头。她最喜欢的事儿就是舔别人的脚后跟，要是哪个小朋友迟到，她就会抓住她，然后舔她……"

"啊！我可不想被她抓到！"

"嗯，那你快点，她正准备骑上她的破扫把，同时还要喂喂她的猫。"

女儿迅速扒拉了两口饭，很不放心地问我："爸爸，迟到巫婆出发了吗？"

"她出发了，现在大概飞到了大观河附近，海鸥们正缠住她要吃的。"

女儿简直是把剩下的饭菜直接倒进肚子，她妈妈都不得不提醒她慢点吃——"现在呢，爸爸？"

"哇，她已经到了我们小区门口，不过她发现了一只死老鼠，她要把老鼠尾巴割下来带回去煮她的巫婆汤……"

"哎呀！"女儿几乎是连滚带爬地从饭桌旁跑下来，请她妈妈扎头发、穿外套、换鞋——"爸爸，快点！迟到巫婆已经到了我家楼下，她正在上楼梯，我听到了！"

"当我们动作很迅速的时候，迟到巫婆就会消失，现在我们来让她消失吧！"

就这样，女儿第一次早早到了绘画教室。老师们还靠在沙发上打盹。从此，迟到巫婆就成了我们上学路上必谈的话题，女儿还为她充实了具体住址（我们家右边），饲养的宠物（分别是一只猫、一只乌鸦和一只青蛙），以及特殊的嗜好：含薄荷糖——因为她在含，她甚至想以这个来贿赂迟到巫婆，请她宽限几分钟。

女儿学画画的一个副产品就是一双怎么也洗不干净的小黑爪子，这双小黑爪子从她的床到我们家的墙，都留下了蛛丝马迹。我故意逗她，问她是不是有什么奇怪的东西偷偷溜进了我们家。她咯咯地笑，说一定是颜料妖怪干的。

为这个，她还专门写了篇"每日一句"：

> 我们家里有水彩妖怪、油画妖怪、烦人的妖怪、不睡觉的妖怪。好了，下面请爸爸给我们说说我们家房子里有哪些妖怪。我的房间里有水彩妖怪、油画妖怪。我们家右边还住着一个迟到巫婆，'快走，快走，不然我就抓住你！'我很怕她，所以我都很快。哦，对了，我们都在妖怪故事系列等你哦！

这篇我觉得还凑合，至少比前些天的"吃什么"系列要进步点。但我给她提了两个改进意见：一是要安排好语序，弄清楚先说什么，后说什么，减少不必要的废话；二是要有细节，说清楚这些妖怪的来龙去脉。她虽然不高兴地嘟起了嘴，但是第二天，还是按要求完成了作业：

> 水彩妖怪喜欢在书上画点点，油画妖怪喜欢在我手上

乱画，熬夜妖怪喜欢让我不睡觉，于是我每天都早早上床。

我们家左边（巫婆貌似又搬家了）住着一位迟到巫婆，她喜欢喝"巫婆汤"，还喜欢舔我的脚后跟，所以我害怕她。

《我们家的妖怪》完了，如果想听更多故事，请来"妖怪故事系列"！

动物园里的观察游戏

女儿有一项日常作业，叫作"每日一句"。语文老师要求她们每天写一个句子，内容、长短、方式均不做限制，自由发挥。因为没有具体要求，所以不少小朋友这个作业完成得比较马虎，听女儿说，有好几个小朋友每天都千篇一律地写"今天天气很好 / 很冷，我做了什么"之类——这作业做得就没什么意思了，可能只是练练字。

我比较认可这种作业方式，除了语言表达，更重要的是它可以训练孩子观察生活和归纳提炼的能力。女儿为了这个作业得"优 +"，每天都挖空心思，变着花样来写不同的句子。比如今天是和好朋友玩某个自创的游戏，明天又是看图书角的书，了解毛毛虫变蝴蝶什么的——老师可能更看重"意义"层面，比如毛毛虫变蝴蝶、植物角观察植物的作业分数会好些，和好朋友玩，成绩相对一般些。我更鼓励她写后一种，因为这更加直接、真实，更为重要的是，当她尝试着把同学的名字写进作业，她实际上是在做着我们先祖曾干过的一件事：当一天狩猎、采集生活结束，借着篝火跃动的光亮，某个人（很可能是孩子）突发奇想，将自己与猎物都涂画到岩壁上。这简单的涂画开启了一个新世界的大门，从此，一成不变的生活被赋予了意义。

有点扯远了，回到"观察"和"归纳"。因为喜欢科学课，我给女儿买了徐来的音频课程《一年级科学课》。里面有一课专门讲科学方法，"观察＋归纳"是其中最为重要的一种科学方法。我个人觉得，这也是文学学习和写作的一种方法，不过文学的观察在客观和精确之外，更重情感与心智的投入，所以"观察大师"巴尔扎克如是说："当我谛听这些人的谈话的时候，我能够深入他们的生活，我觉得他们的褴褛披在我身上，我的脚穿了他们的破的皮鞋走路；他们的欲望，他们的需要—— 一切都渗入了我的灵魂，或者是，我的灵魂渗入了他们的。"（转引自唐弢《文章修养》）

元旦放假，虽然临近期末考试，我还是同意带她和她弟弟出去玩，天气不太好，就近选了动物园。去之前我提了一个要求，就是要注意观察，然后使用观察的素材，写每日一句的作业。任务在身，小姑娘比平日里要专注得多，连每次去了都要玩上一回的游乐场也不去了，乐此不疲的喂鹦鹉环节也省略了。反而是她弟弟，在最初的好奇消退后，对动物的热情渐渐敌不过棉花糖和推车游戏的诱惑。在犀牛栏边上，两只白犀抵着角争斗，在一堆小朋友高喊"加油"声中，他的眼皮终于像犀牛多褶的厚皮般耷拉了下来。

回家天色已晚，匆匆吃过晚饭，差不多也就该休息了，作业留在了明天：

> 昨天我们一家去动物园玩。看了许多动物：有走路像穿高跟鞋的鸵鸟，有无聊就甩尾巴的斑马，有冷了就捂住眼睛的水獭，有捡个东西都很难捡的长颈鹿，有开屏就像水珠挂在上面的孔雀。动物真好玩！

这篇作业我基本满意。前两个动物的细节，我适当引导了下，要她注意观察，并描述，水獭的细节来自观赏区外树立着的科普简介牌子，我最喜欢孔雀的那个细节，这完全是她自己自由发挥的结果，很漂亮。她只写到孔雀就完了，我提醒她要"观察＋归纳"，说，现在你的作业没有归纳的部分，就像一只水獭，只有头和身子，没有尾巴。于是她加上了最后一句，这个尾巴虽然不太漂亮，但我没再多说，对孩子而言，要求不能太高，得靠她慢慢体悟。

原来如此的故事，
世界上最辣的辣椒在哪里

这几天，每天晚上我都会给女儿读吉卜林的《原来如此的故事》，而阅读这本书，最佳的方式就是跟着书里的节奏，一起玩起来。

昨天早晨，读完《犀牛皮为什么有许多褶皱》，女儿就迫不及待地要和我玩这个"原来如此的故事"游戏。游戏规则是她提问题，我起头编一段，她继续编，一直编到某个人再也编不下去。

早餐刚吃完，看着桌上半罐蒜蓉辣椒酱，女儿提出了她的问题——世界上最辣的辣椒在哪里？

按照国际惯例，我讲的故事是这样开头的："很久很久以前，世界上最辣最辣的辣椒藏在一个没人知道的山谷里。这个山谷很隐蔽，只有翻过一座高高的大山，才能发现。有一天，一群猴子攀着树木的枝条来到了这座山谷，这些猴子本来是些温文尔雅、很有礼貌的猴子，但是在他们到达这座山谷后，马上被辣椒的气味辣得大呼小叫。有的猴子还开始手舞足蹈，抽打自己和追打同伴，一些在地上兜着圈子疯跑，一些猴子摇晃着树枝，想把身上的辣的感觉抖掉，而最有礼貌的那几只猴子强忍着辣，局促不安地坐在地上，可不一会儿，他们就耐不住了，因为泥土也是辣的，他们的屁股很快就被烫红了。"——"该你了。"

"这些猴子喊，辣，辣，水，水！他们就跑到一条河边，可水也是辣的，河水里的鱼也是辣的。"——"是糊辣鱼吗？"——"不是，讨厌的爸爸！河里的螺因为太辣，都缩进了壳里，还有乌龟；鳄鱼没壳，所以嘴巴都被辣长了。猴子们喝了这些水，更辣了。"——"该你了！"

"这条河流啊流，河水两岸的树被辣得掉光了叶子，只剩下了尖尖的刺，于是他们变成了仙人掌；一些豪猪和刺猬喝了一口水，哎呀，辣的毛都竖起来变成了尖尖的刺儿——至于在他们没刺儿的时候，为什么还要叫豪猪和刺猬，我就不知道了。"——"该你了。"

"这条河就是辣河，河面上的闪光就像辣椒籽。她一直流到了大海里，海水都变辣了。海带辣得直哆嗦，鲨鱼因为吃了辣的鱼，喝了辣的水，辣得合不拢嘴，一直哈气，转圈圈。"——"该你了！"

"这条鲨鱼转啊转，直到碰到一位船长"——"爸爸，船长是什么？"——"船长就是管理一艘船的人，别打岔！他看到了可怜的鲨鱼，于是告诉他，只要喝一点牛奶就可以解辣。于是鲨鱼游啊游，来到了牧场边儿上，找到了奶牛，求奶牛给他一点牛奶喝，可奶牛不同意，鲨鱼又没法上岸去抢，于是，他的嘴直到今天也没办法合拢。"——"该你了。"

　　"所有动物都被辣得不行，大家开了个会，决定在辣椒睡觉的时候，偷偷把她藏起来。他们决定把她藏进海底的珊瑚丛里，用海草严严实实地包裹起来。"——"该你了！"

　　"第二天，当辣椒醒来的时候，咦，我怎么在一个到处都是泡泡的地方？周围都是和毛毛虫一样，到处爬的黑色虫子？而且他们还在不停地吐！肠子都吐出来了！"——"那些虫子是海参！他们一定是被辣吐的！"——"嗯，你猜对了，他们是海参，他们边吐边说，你太辣了，再这样，我们都要吐到翻面儿了，求求你，你快走吧！于是，辣椒浮起来，回家了。"——"该你了。"

　　"于是，动物们又开会，这次，当辣椒睡着的时候，他们把她藏在了南极的冰块里。早晨，辣椒醒来，咦，我这是在哪里？好冷啊这里，我动也动不了，于是，她生气了就爆炸了，把冰化开。"——"你说的是植物大战僵尸里的辣椒吗？"——"是啊，该你了爸爸。"

　　"动物们又开会，大家这次决定趁着辣椒睡觉，把她埋进地下。鼹鼠和蚯蚓负责挖洞，鼹鼠挖啊挖，蚯蚓拱啊拱，终于挖了一个深深的洞，深到了地壳和地幔接壤的地方。鼹鼠爪子都挖秃了，蚯蚓拱到了岩浆边儿上，差点变成烤蚯蚓干儿。第二天，辣椒醒来，咦，周围怎么这么黑？还这么憋得慌！于是，她又生气了爆炸了。这次可不得了，直接炸出了一座火山！火山的岩浆都是辣的，嗯，看上去有点儿像妈妈爱吃的麻辣火锅。"——"该你了。"

"动物们又开会，决定把辣椒发射到月球上。蟒蛇做了一个大弹弓，趁辣椒睡着的时候，把她发射到了月球上。第二天，辣椒醒来，咦，这是什么地方？除了石头什么都没有？她生气了——爸爸，你来讲！"

"她一生气，月球都变成了红色的，狮子只好在血红色月光的照耀下舔他的爪子，所有的动物都不敢在晚上抬头直视月亮，因为月光也是火辣辣的，比阳光还刺眼睛。"——"动物们又开会，决定还是求求辣椒，求她回来，于是，辣椒就回来了，像一艘火箭，嗖——"

"嗯，最后她还是回到了她以前待的那个山谷。动物们答应不再随便去惹她，而她也答应不再随便发脾气，也不再随便闹别扭，于是，她就没以前那么辣了。辣椒的故事讲完了。"

一只橘猫的三次跳跃

　　女儿的周末作业是写一篇日记，因为还是一年级，所以老师的要求比较简单，写几个句子就可以。周五接到她，她很开心地表示，自己的语文作业已经写完了，我拿出来检查，她写的日记是这样的：

> 2019 年 3 月 22 日
> 今天，我上学的路上，我看见一只小猫，它很可爱！

　　我猜她写的是那只大橘猫，每天早晨我送女儿上学，它都蹲守在学校围栏的台子上。一有人路过，它就"喵喵"地叫，和别人要吃的。很多小朋友喜欢它，省下早餐的火腿肠喂它，轻轻摸它的头和背。个别胆大淘气的男生，还会伸手去抓它"呼噜呼噜响"的肚子，拽它的尾巴。这猫一点都不怕人，而且可能伙食条件的确不错，养了一身肥膘，懒洋洋地眯着眼睛，俨然女儿学校的吉祥物。

　　女儿的日记写成这样，在我这肯定是过不了关的。我首先鼓励她要多回忆回忆那只猫的具体样貌和细节。一篇文章，无论长短，得靠具体、细节的材料来支撑。否则，"一只猫"就只是泛泛的一只猫，也可能是所有的猫，相当模糊。女儿喜欢画画，所以我经常以画画来举例子：

"这就像是你在纸上只画了一只简笔画的猫，几个圈圈和框框、几条线，大家只是知道，这是一只猫，而并不知道它具体的样子。爸爸想要的是，你要让这只猫'动'起来，'活'起来。"

于是，女儿若有所思地咬着铅笔发了会呆，在这个句子后又添加了几句：

2019 年 3 月 22 日

今天，我上学的路上，我看见一只小猫，它很可爱，它胖乎乎的，也很好玩。小朋友过来的时候，它就会"喵喵"叫，它会伸出爪子要吃的，它的喵叫好像在说："给我吃的！"

这一段比上面的要丰富些，而且按照我的要求，她添加了不少细节，至少现在这只猫有了具体的动作，而且还有了点形象，仿佛是剪径的强盗，很有点霸气。这挺符合女儿的心理，她虽然喜欢各种小动物，但胆子很小，一次都没敢去摸这只猫。当然，写成这样，和我的要求还有一定差距，因为"喵喵"叫和伸爪子这些都属于比较一般化的细节，给人的印象不会深。我想了想，这些天为了写稿，正好重读了一遍《原来如此的故事》，我挑出

《独来独往的猫》里被哈罗德·布鲁姆激赏的结尾，给女儿再读一次：

> 然后那个男人将他的两只靴子和他的小石斧（一共是三件东西）向猫扔去，猫窜出了山洞，而狗追出去把猫撵上了一棵树；从那以后到今天，啊，亲爱的，五个男人里有三个人只要一看见猫，总要拿东西去打他，而所有的狗碰见猫都要把他撵到树上去。但是猫也遵守协议中自己要做的部分。当他在屋里的时候，他会杀死老鼠；只要小孩子不使劲拽他的尾巴，他还会好好地对待小孩子们。但是当他做完这些事情，间或有空时，当月亮升起，夜晚来临时，他还是只独来独往的猫，并且所有的地方对他来说都一样，这时他就摇着尾巴独自闲逛，走进潮湿荒野的丛林，爬上潮湿荒野的大树，或者攀上潮湿荒野的屋顶。

尤其是最后一句，我读了两遍，让她用想象去描摹那只摇着尾巴，在月光下独来独往的猫咪。隔了一会儿，我问她是否能想象出来。她说可以。我要求她再想一想她要写的那只猫，再具体一点。另外，还要她仔细检查自己的日记，写完后自己读几遍，删掉多余和啰唆的地方，最好就像是自己平常说话。过了一会儿，她改后煞有介事地朗读了两遍，用橡皮擦涂了几处，又拿给我看：

2019 年 3 月 22 日

今天我又看见那只小猫，它胖乎乎的，毛是黄色的。每天小朋友走过来的时候，它就会"喵喵"大叫，伸出爪子要吃的，它的喵叫好像说："给我点吃的！"

这个版本和我想要的依然有一定差距，但考虑到女儿只是一年级的小朋友，基于她掌握的词汇量，以及她掌握的写作技巧，应该说写成这样基本合格。我挺满足她使用的"又"字，这个字让那只猫一下子就变得具体很多。一些啰唆和多余的地方也改正了，但依然不够简洁——毕竟，想想那只肥胖的橘猫，它也无法敏捷地跳跃。

三幅动物素描

——观察与细节

女儿这周的写话作业继续着我们的观察训练，只不过形式调整了下，不再是观看视频，而是换成去动物园实地观察这样为她喜闻乐见的方式。我的要求很简单，在玩的同时，留心观察，选择三种动物，各写一篇写话，内容、长短不限，但必须要有细节。

女儿问我什么叫细节？这个问题看似简单，但回答起来可没那么容易：通常理解，细节就是整体的组成部分，细节越丰富，整体效果就会越出色。在艺术领域，这样的细节越多，整体的"还原度"就会越高，达到一种纤毫毕现的逼真效果。比如在写法较为传统的小说里，我们总能读到对出场人物的外貌、衣着、举止、谈吐乃至家世背景、境遇环境一类事无巨细的描述性文字，通过这类文字聚沙成塔、集腋成裘，塑造一个人物的立体景观。不过，随着时代变迁，这种模式已经不太受当代人待见，除了重度的考据癖、八卦爱好者和铁杆儿粉丝，大部分人的耐心恐怕都挨不到那幅立体景观成形。我们更喜欢那种一上来就把我们"拽"进去，干脆利索的表达方式——那么,在这种背景下,细节又是什么呢?

在詹姆斯·伍德的《小说机杼》"细节"一章，有句话我印象深刻，"呈现这种细节是为了照亮四周的昏暗，或者我们可以说，是为了给虚构一个坚实的基础。"这说法，赋予了细节光与热，让它们看上去像暗夜里一盏颤动着的灯——不过，这种体验对一位小朋友来说太复杂。我想了想，回答女儿说："细节，就是你印象最深刻的那种感觉。在写话里，就是用文字尽量准确地去还原你当时的感觉。"

女儿若有所思，并在第二天花了一个上午，倒腾出了三篇写话，分别是：

食火鸡

我在动物园看见食火鸡在泡泥巴澡。我很好奇它为什么叫食火鸡，回家我查了一下才知道因为它发起脾气来就像吃了火一样吧。我看见一只食火鸡泡在泥里都不想起来了，别的食火鸡看见了就叫着，叫它让开一点。

浣 熊

我看见浣熊在睡觉，它们睡得可香了，但有一只没有睡，它在到处走。它虽然每天走，可是它也很肥，更别说每天睡觉的那几只了。

细尾獴

　　我看见了细尾獴，它很可爱。一只细尾獴站，全部细尾獴都站，它们就像在玩"一二三、木头人"一样。一只看看谁动了或者谁换了动作，它也动，也换动作，一直到我走了。

　　这三篇，我最满意的是第三篇，细尾獴的那个细节特别生动，让那些小动物一下子活灵活现起来。另外两篇，细节上就差了些。我陪着她一起回忆了那天我们游览的情形，特别是把参观时我们观察的情形梳理了一遍，一边谈论，一边让这些细节由模糊变得清晰，逐渐成形。在一点点揉捏出细节后，我们又一起整理了下语序和表达，改成了下面这样：

食火鸡

　　我在动物园里看见食火鸡在泡泥巴澡。一只食火鸡泡在泥里都不想起来，别的食火鸡看见了就用嘴巴不停地顶它，叫着让它让开一点。我很好奇它为什么叫食火鸡，难道是它真的吃火？我回家查了一下才知道，是因为它发起脾气来就像吃了火一样。

浣　熊

　　我看见浣熊在睡觉，它们一个接一个地瘫在台子上面，就像一个个毛茸茸的沙袋。但有一只浣熊没有睡觉，可它也很肥，它肥得路好像都走不快了，更别说每天都睡觉的那些大懒虫了。

细尾獴

　　我在动物园里一个有很多洞洞的沙池里看见了细尾獴。一只细尾獴像人一样站起来，其他的细尾獴也学着它站了起来，就像在玩"一二三、木头人"一样。如果一只动了或者换了动作，其他细尾獴也动，也换动作。

水獭的狩猎

这学期，女儿的语文课对写作的要求明显加强了，老师经常布置"写话"的作业。"写话"，实际上就是小作文，只是在字数和篇目的完整性上不做严格的要求——虽然女儿的得分都在 90 以上，但出于一个刀笔吏的职业习惯，对于女儿的写话，我是不满意的。原因主要有两点：一是她写的很多属于人云亦云的废话、套话，怎么看都像是她们语文课本上某一篇课文的山寨版本；二是那些让人起鸡皮疙瘩的抒情，什么"××真伟大！""××真可爱啊！"之类的句子，相当戳眼睛。伴随着这些空洞且虚假的抒情的，是那些强行被拔高的意义，好像没有点儿意义，这作文都结不了尾一般。

我不喜欢这种写作模式。我觉得除了拙劣和愚蠢，它还会败坏一个人的品位与品格，扭曲我们观看和认识世界的方式——很难想象一个整天说得天花乱坠的人会弯下腰，仔细观察和认真研究某一现象、问题，也很难想象一个随随便便就激动得热泪盈眶甚至昏厥的人会沉下心，冷静思考与客观分析。

说了就要行动起来，我决定从这个学期开始教女儿写作。写作，并不是写着、作着就可以了，大量的工作早在"写"与"作"之前就已经完成了。而教孩子写作，关键其实是在这"写作"之前。

　　很多孩子对于写作文很畏惧，觉得没什么可写的，总是搜肠刮肚凑字数；还有的孩子倒是很能写，经常连篇累牍，可千言万语都是些套话与说辞，空泛且乏味。两者看起来大相径庭，实际上问题的根源都是一致的，都属于写作的前期工作没有做到位。

　　说到这项前期工作，我们现在经常提的一个词叫"积累"，这固然对，但这种说法是没有意义的，尤其是当这句话从一个教孩子写作的教育者嘴里说出，简直和逃避责任没有什么区别。我觉得这些前期工作是可以摘出来，作为专项训练来帮助孩子逐步提高写作水平和能力的。比如，很基础的一项前期工作叫"观察"。

　　"观察"也就是看，说着很简单，实际上做起来并不容易。《列子》里有一则故事，说一个叫纪昌的人向射箭高手飞卫学习射箭，飞卫并不直接教他射箭，而是让他回家练习"观看"。当他终于练就了锥子戳向眼睛都不眨眼，看一只虱子如车轮大时，射箭的技艺就水到渠成地习得了。这个故事强调了一种专注的观察力，我觉得很多艺术杰作都是这种凝聚的观察力的产物，写作亦然，没有高强度的观察，印象必然是模糊和概念化的，体现在写作里，就是空洞与乏味。

　　所以，观察训练的第一课，就是训练小朋友专注地看。我找出前一段时间在动物园拍摄的水獭吃泥鳅的视频，要求女儿写一段水獭如何吃泥鳅的小作文，作文不限字数，也不要求写得多好，但必须要把水獭如何吃掉泥鳅的过程体现出来。经过一番观察和构思，女儿交上了她的作业：

> 我在动物园里看见了水獭。它们在吃"早饭"，一只水獭在出水口等着"早饭"从出水口下来。第一次喂食结束了，水獭们依然在出水口等着，因为它们知道，第一次有几只水獭没吃到，很快第二次喂食开始了，水獭捉一只泥鳅，抱着"头"一口接一口地吃起来，吃完就走开了。

对于这篇，我基本是不满意的。一是没有领会我的要求是什么意思，二来写得很啰唆，几个地方也不通顺。但为了鼓励她，我还是表扬了她，我觉得她的"抱"字用得很好，很形象。我又说了一遍我的要求，然后请她再看一遍视频，进行改写。虽然老大不愿意，但女儿还是重写了她的小作文：

> 一只水獭在水池边等着泥鳅从出水口滑下来。第一只泥鳅刚下来，水獭就冲上去伸出一只爪子抓住泥鳅，一大口咬下了泥鳅的头，一口一口吃起来。接着第二、第三、第四只，吃饱了，就上了岸。

这一篇比上一篇有很大进步，她增加了一些细节，比如"滑下来""冲上去""伸出一只爪子""咬下了泥鳅的头"之类。
她基本明白了我的要求，也通过观察，抓住了部分细节。但我觉
得这篇还是不够形象，而且行文比较笨拙。为了再次改进，只能
委屈那些泥鳅再被残忍地吃掉一次。

　　这一次，为了鼓励她，我提出和她一起逐句进行修改。第一
句，我说就是要这样写，直奔主题，舍弃和主题没有关系的部分。
不过，我觉得第一版里的"早饭"用得很好，要比直接说泥鳅好，
因为用"早饭"的话会形成一个小小的悬念，吸引别人去探究水
獭的"早饭"究竟是什么，这像一个小谜语，让人接着往下看。
只是建议用词改成"早餐"，更好一点。第二句，"滑下来"很
好，很形象。我仿佛看见了那些可怜的、命运已被决定的泥鳅无
助的样子，和视频里的情形也是吻合的，但视频里的泥鳅可不只
有一条，所以这里要改成一条条（"只"的用词不够准确，我让
她改成了"条"）。再接下来，水獭就开始行动了，你的观察是
它们"冲"了过去。这个是可以的，但是我们要考虑下，"冲"
这个动作通常伴随着很快的速度，像是赛跑冲刺那种感觉，而水
獭当时并没有特别迅速地"冲"，那些泥鳅简直唾手可得。我们
再来一起想一想，还有什么更合适的词。我们在这里换了几个动
词，最终选定了"扑"。我觉得相对泥鳅的娇小、无助，水獭会
显得相当巨大且有力，所以"扑"这个词就好得多。下一句，我
建议用回"抱"这个词，一是它很形象，二来水獭从抓到泥鳅再

到吃进肚子，中间确实有这样一个动作进行过渡。再下一句，我建议她重新来考虑"咬"这个动词，"咬"这个动词会让人联想起上下颌用力的感觉，有那种一锤定音的感觉，用它来搭配一口接一口，有种机械齿轮运转的感觉，不太合适。我们推敲了几个动词，最终选用了"啃"，着力去表现水獭强大的尖牙。下一句，我们一起把两条、三条、四条，合并为一连吃了四条。修改后，变成了这样：

> 一只水獭在水池边等着它的"早餐"，不一会儿，一条条泥鳅顺着出水口滑了下来。第一条泥鳅刚一现身，水獭就扑上去，伸出爪子抓住了它，抱住，一口接一口地啃起来。它一连吃了四条，吃饱了，就上了岸。

致谢

从我 2018 年下半年决定开始记录并分享自己教女儿学习、特别是学习文学的情况后，我的老师和挚友魏云给予了我最大的鼓励与支持，并就写作方式和具体文本提出了大量中肯的意见和建议。我的好友狄狄、秋子在聊天交流过程中，为我的写作提供了不少灵感和方向。

感谢豆瓣网，通过这一平台，我的写作得以被更多的朋友阅读和分享，并结识了不少师友。感谢胡一红女士、周琰女士的鼓励、交流分享，感谢闵雪飞、王志军、金晓东等师友的鼓励与鞭策，从你们那里我学到了特别多的东西。特别是志军兄，对于我这一系列写作给予了莫大肯定，我深感受之有愧。感谢胡一琨、马士尧，感谢你们一直的鼓励与关注。感谢众多关注我写作并提出批评意见的豆友，是你们让我感受到世界的宽广和美好。

感谢我的好友张布、王宇飞伉俪，主动提出要帮我联系出版机构。感谢世纪文景的王玲、贾忠贤两位编辑，你们的阅读和专业意见让我受益匪浅。本书得以出版，特别感谢乐府文化的涂涂先生和编辑嫦霞女士，你们的职业素养和工作态度，让一贯懒散的我深感汗颜。

感谢同意授权使用其作品的朱永良、杨铁军、王志军、罗池、肖水等诸位老师，感谢蒋明辉、吴若木两位老师对本书插画创作的指导。

最后要感谢我的妻子吴奇玉女士，她为我默默分担了大量家庭琐事，让我得以有精力与时间进行创作；感谢我的孩子王之月与王之行，是你们给了我写作这本书的动力与勇气，你们是我生命中的光，照耀我继续前行。

王亮

2021 年 4 月

图书在版编目（CIP）数据

爸爸的文学课 / 王亮著 . –– 北京 : 北京联合出版
公司 , 2022.2
ISBN 978-7-5596-5294-2

Ⅰ . ①爸… Ⅱ . ①王… Ⅲ . ①家庭教育 Ⅳ . ① G78

中国版本图书馆 CIP 数据核字（2021）第 206606 号

Le jardin (in Paroles) Jacques Prévert © Editions Gallimard, Paris, 1949
La Commence La Forêt Tropicale Qui S'étend Jusqu'a La Cote Du Pacifique (in
Ecuador) Henri Michaux © Editions Gallimard, Paris 1929
The Thought Fox © Ted Hughes, Faber and Faber Ltd.
部分作品虽经多方努力，仍未联系上授权人，敬请谅解。烦请尽快与我们联系，
我们将及时奉送样书及稿酬。联系方式：pan_press@163.com。

爸爸的文学课

作　　者：王　亮
出 品 人：赵红仕
策　　划：乐府文化
责任编辑：肖　桓
特约编辑：吴嫦霞
书籍设计：陆红强
插　　画：王之月

北京联合出版公司出版
（北京市西城区德外大街 83 号楼 9 层　100088）
北京联合天畅文化传播公司发行
北京美图印务有限公司印制
143 千字　880 毫米 × 1230 毫米　1/32　印张 7.75
2022 年 2 月第 1 版　2022 年 2 月第 1 次印刷
ISBN 978-7-5596-5294-2
定价：49.00 元